Fischer TaschenBibliothek

Etwas stimmt nicht mit unserern Rollenbildern. Darum hielt Chimamanda Ngozi Adichie 2013 den TED-Talk »Mehr Feminismus!«, der weltweit Furore machte: Popsängerin Beyoncé Knowles sampelte Passagen daraus in ihrem Song ›Flawless‹, mehr als 7 Millionen sahen ihn im Netz und der englische Titel »We should all be feminists« wurde zum Claim einer neuen Generation von Feminist*innen. In Reaktion darauf erhielt Adichie Nachricht von ihrer Freundin Ijeawele: Gerade war deren Tochter geboren - und Ijeawele fragte sich, wie man ein Mädchen feministisch erziehen könne. Adichie antwortete mit fünfzehn Vorschlägen, die augenöffnend sind für alle Eltern. Denn Gerechtigkeit betrifft uns alle. Beide Manifeste finden sich nun erstmals in einem Band vereint.

Chimamanda Ngozi Adichies Bücher werden in 37 Sprachen übertragen. Ihre Romane waren für den Booker Prize nominiert, erhielten den Orange Prize for Fiction und den Internationalen Hermann-Hesse-Preis. »Americanah« wurde mit dem National Book Critics Circle Award ausgezeichnet. 2019 erhielt sie den Kasseler Bürgerpreis »Das Glas der Vernunft«. 1977 in Nigeria geboren, lebt sie in Lagos und den USA.

Weitere Informationen finden Sie unter www.fischerverlage.de

Chimamanda Ngozi Adichie

Mehr Feminismus!

Ein Manifest

Liebe Ijeawele ...

Wie unsere Töchter selbstbestimmte Frauen werden

Aus dem Englischen von Anette Grube

FISCHER TaschenBibliothek

Erschienen bei FISCHER Taschenbuch
Frankfurt am Main, September 2022

Die Originalausgabe von ›Mehr Feminismus!‹ erschien 2014 unter dem Titel ›We should all be Feminists‹ bei Fourth Estate, London.

Die Originalausgabe von ›Liebe Ijeawele … Wie unsere Töchter selbstbestimmte Frauen werden‹ erschien 2017 unter dem Titel ›Dear Ijeawele, or a Feminist Manifesto in Fifteen Suggestions‹ bei Fourth Estate, London.

Umschlaggestaltung: kreuzerdesign|München, Rosemarie Kreuzer
Umschlagabbildung: Manny Jefferson
Satz: Dörlemann Satz, Lemförde
Druck und Bindung: CPI books GmbH, Leck
Printed in Germany
ISBN 978-3-596-52329-0

Inhalt

Mehr Feminismus!

Ein Manifest

Dies ist die leicht revidierte Version einer Rede, die ich im Dezember 2012 bei der jährlich stattfindenden Konferenz TEDxEuston gehalten habe, die Afrika zum Gegenstand hat. Kurze Reden aus unterschiedlichen Bereichen sollen Afrikanerinnen und Freunde Afrikas provozieren und inspirieren. Ein paar Jahre zuvor hatte ich auf einer anderen TED-Konferenz darüber gesprochen, wie Stereotype unser Denken formen und einschränken, insbesondere wenn es um Afrika geht. »Die Gefahr einer einzigen Geschichte« hieß damals mein Vortrag. Mir scheint, dass auch feministische Denkansätze von Stereotypen eingegrenzt werden. Als mein Bruder Chucks und mein bester Freund Ike, beide Mitorganisatoren der TEDxEuston-

Konferenz, darauf bestanden, dass ich wieder sprach, konnte ich nicht ablehnen und beschloss, über Feminismus zu reden, weil ich dazu klare Ansichten habe. Ich nahm an, das Thema sei nicht sehr populär, hoffte jedoch, eine notwendige Diskussion anzustoßen. Doch als ich an jenem Abend auf der Bühne stand, hatte ich das Gefühl, im Kreis meiner Familie zu sein: Das Publikum war freundlich und aufmerksam, aber womöglich hatte es etwas gegen das Thema meines Vortrags. Die stehenden Ovationen am Ende haben mir Hoffnung gemacht.

Okoloma war einer meiner besten Kindheitsfreunde. Er lebte in meiner Straße und kümmerte sich um mich wie ein großer Bruder: Wenn mir ein Junge gefiel, fragte ich Okoloma nach seiner Meinung. Er war witzig, intelligent und trug spitze Cowboystiefel. Im Dezember 2005 kam er bei einem Flugzeugabsturz im Süden Nigerias ums Leben. Es fällt mir immer noch schwer, in Worte zu fassen, wie ich mich damals fühlte. Okoloma war jemand, mit dem ich streiten, lachen und wirklich reden konnte. Und er war der Erste, der mich eine Feministin nannte.

Ich war ungefähr vierzehn. Wir waren bei ihm zu Hause und stritten, beide strotzten wir vor halbverdautem Wissen aus den Büchern, die wir gelesen hatten. Ich weiß nicht mehr, worum es bei diesem Streit ging. Aber ich weiß noch, dass Okoloma mich unverwandt anschaute, während ich argumentierte, und sagte: »Dir ist doch klar, dass du eine Feministin bist.«

Es war kein Kompliment. Ich hörte es seinem Tonfall an – der gleiche Tonfall, in dem jemand sagt: »Du unterstützt den Terrorismus.«

Ich wusste nicht genau, was das Wort *Feministin* bedeutete. Aber ich wollte nicht, dass Okoloma erfuhr, dass ich es nicht wusste. Also tat ich es ab und stritt weiter. Ich hatte vor, es im Wörterbuch nachzuschlagen, kaum wäre ich zu Hause.

Schnell ein paar Jahre weiter.

Im Jahr 2003 schrieb ich einen Roman mit dem Titel ›Blauer Hibiskus‹ über einen Mann, der unter anderem seine Frau schlägt und dessen Geschichte nicht allzu gut endet. Während ich das Buch in Nigeria vorstellte, wollte mir ein Journalist, ein netter, wohlmeinender Mann, einen guten Rat geben. (Nigerianer sind, wie Sie vielleicht wissen, mit ungefragten »Ratschlägen« großzügig.)

Er erklärte mir, dass die Leute meinen Roman für feministisch hielten, und sein Rat war – er schüttelte bekümmert den Kopf, während er sprach –, dass ich mich nie so nennen sollte, da Feministinnen Frauen sind, die unglücklich sind, weil sie keinen Mann finden.

Also beschloss ich, mich eine glückliche Feministin zu nennen.

Als Nächstes belehrte mich eine nigerianische Akademikerin, dass der Feminismus nicht zu unserer Kultur gehöre, dass Feminismus unafrikanisch sei und ich mich nur eine Feministin nennen würde, weil ich von westlichen Büchern beeinflusst sei. (Was mich amüsierte, denn ein Großteil meiner frühen Lektüre war definitiv nicht feministisch: Ich muss jeden einzelnen Liebesroman von Mills & Boon gelesen haben, der vor meinem sechzehnten Geburtstag veröffentlicht wurde. Und jedes Mal, wenn ich mir einen sogenannten »klassischen feministischen Text« vornehme, langweile ich mich und kann ihn nur unter Mühen zu Ende lesen.)

Da der Feminismus unafrikanisch ist, beschloss ich jedenfalls, mich von nun an als glückliche afrikanische Feministin zu bezeichnen. Dann sagte ein lieber Freund, mich eine Feministin zu nennen hieße, dass ich Männer hasste. So wurde ich zu einer glücklichen afrikanischen Feministin, die Männer nicht hasst. Irgendwann war ich eine glückliche afrikanische Feministin, die Männer nicht hasst und Lippenstift und hohe Absätze zum eigenen Vergnügen und nicht zum Vergnügen der Männer trägt.

Natürlich war viel davon ironisch, aber es beweist, wie stark belastet, wie negativ belastet das Wort Feministin ist:

Du hasst Männer, du hasst BHs, du hasst afrikanische Kultur, du bist der Ansicht, dass Frauen immer das Sagen haben sollen, du trägst kein Make-up, du rasierst dir nicht die Beine, du bist immer wütend, du hast keinen Sinn für Humor, du benutzt kein Deodorant.

Eine weitere Geschichte aus meiner Kindheit:

Als ich in Nsukka, einer Universitätsstadt im Südosten von Nigeria, in die Grundschule ging, sagte meine Lehrerin zu Beginn des Schuljahrs, dass die Klasse eine Prüfung ablegen müsse und wer am besten abschnitte, würde zum Aufpasser der Klasse. Aufpasser zu sein war eine große Sache. Wenn man Klassenaufpasser war, schrieb man jeden Tag die Namen derjenigen auf, die den Unterricht störten, auf, was allein schon eine berauschende Machtfülle war, aber meine Lehrerin stattete den Aufpasser zudem mit einem Rohrstock aus, den man in der Hand hielt, während man auf der Suche nach Störenfrieden durch das Klassenzimmer patrouillierte. Natürlich durfte man den Stock nicht wirklich benutzen. Aber für mich als Neunjährige war es eine aufregende Aussicht. Ich wollte unbedingt Klassenaufpasserin werden. Und ich schnitt bei der Prüfung am besten ab.

Doch dann erklärte die Lehrerin zu meiner Überraschung, dass der Aufpasser ein Junge sein müsse. Sie habe vergessen, das von Anfang an klarzumachen; sie habe angenommen, dass jeder es wüsste. Ein Junge hatte als Zweitbester abgeschnitten. Er wurde Aufpasser.

Interessanter noch war, dass dieser Junge lieb und sanftmütig war und keinerlei Interesse daran hatte, mit einem Stock in der Hand die Klasse zu überwachen. Während ich ehrgeizig darauf brannte.

Aber ich war ein Mädchen, und er war ein Junge, und er wurde Klassenaufpasser.

Diesen Vorfall habe ich bis heute nicht vergessen.

Wenn wir etwas immer wieder tun, wird es normal. Wenn wir die gleiche Sache immer wieder sehen, wird sie normal. Wenn nur Jungen Aufpasser werden, dann denken wir alle irgendwann, wenn auch nur unbewusst, dass Klassenaufpasser Jungen sein müssen. Wenn wir nur Männer als Firmendirektoren sehen, scheint es irgendwann »naturgegeben«, dass ausschließlich Männer Firmendirektoren sein sollen.

Ich mache oft den Fehler zu glauben, dass etwas, was für mich auf der Hand liegt, für alle anderen ebenso offensichtlich ist. Nehmen wir meinen guten Freund Louis, der ein intelligenter, fortschrittlicher Mann ist. Wenn wir uns unterhielten, sagte er oft: »Ich verstehe nicht, was du damit meinst, wenn du sagst, die Dinge sind für Frauen anders und schwieriger.« Ich verstand nicht, warum Louis nicht sah, was so offensichtlich war.

Ich bin gern zu Hause in Nigeria und verbringe viel Zeit in Lagos, der größten Stadt und dem wirtschaftlichen Zentrum des Landes. Wenn abends die Hitze nachlässt und das Leben zur Ruhe kommt, gehe ich mit Freundinnen und Freunden oder der Familie in ein Restaurant oder ein Café. An einem dieser Abende waren Louis und ich mit Freunden unterwegs.

In Lagos gibt es eine wunderbare Einrichtung: Eine kleine Gruppe tatkräftiger junger Männer treibt sich vor bestimmten Etablissements herum und »hilft« dir auf höchst dramatische Weise, deinen Wagen zu parken. Lagos ist eine Metropolis mit nahezu zwanzig Millionen Einwohnern, mehr Energie als London, mehr Unternehmergeist als New York, und die Leute erfinden alles Mögliche, um sich ihren Lebensunterhalt zu verdienen. Wie in den meisten Großstädten kann es abends schwierig sein, einen Parkplatz zu finden, und die jungen Männer machen ein Geschäft daraus, freie Parkplätze zu suchen und – auch wenn genügend davon vorhanden sind – dir mit wildem Gestikulieren beim Einparken zu helfen und auf deinen Wagen »aufzupassen«, bis du zurückkommst. Ich war beeindruckt von der besonderen Theatralik des Mannes, der uns an diesem Abend zu einem Parkplatz dirigierte. Als wir gingen, wollte ich ihm ein Trinkgeld geben. Ich öffnete meine Tasche, holte Geld heraus und gab es dem Mann. Und er, dieser zufriedene und dankbare Mann, nahm das Geld, schaute an mir vorbei zu Louis und sagte zu ihm: »Danke, Sah!«

Louis sah mich überrascht an und fragte: »Warum bedankt er sich bei mir? Ich habe ihm das Geld nicht gegeben.« Da konnte ich an Louis' Gesicht ablesen, wie ihm eine Erkenntnis dämmerte. Der Mann glaubte, dass alles Geld, das ich hatte, ursprünglich von Louis stammte. Weil Louis ein Mann ist.

Männer und Frauen sind verschieden. Wir haben unterschiedliche Hormone, unterschiedliche Geschlechtsorgane und unterschiedliche biologische Fähigkeiten – Frauen können Kinder kriegen, Männer nicht. Männer haben mehr Testosteron und sind in der Regel physisch kräftiger als Frauen. Es gibt etwas mehr Frauen auf der Welt als Männer – 52 Prozent der Weltbevölkerung sind weiblich –, doch die meisten Macht- und Prestigepositionen sind von Männern besetzt. Die verstorbene kenianische Friedensnobelpreisträgerin Wangari Maathai hat es einfach und treffend ausgedrückt, als sie sagte: je höher die Positionen, umso weniger Frauen.

Während der letzten Wahlen in den USA haben wir mehrfach von Lilly-Ledbetter gehört, und dabei ging es um Folgendes: In den USA verrichten ein Mann und eine Frau mit der gleichen Qualifikation die gleiche Arbeit, und der Mann wird besser bezahlt, nur weil er ein Mann ist.

Männer beherrschen die Welt also tatsächlich. Das war sinnvoll – vor tausend Jahren. Weil die Menschen damals in einer Welt lebten, in der körperliche Stärke der wichtigste Garant war, um zu überleben; eine physisch stärkere Person war mit großer Wahrscheinlichkeit ein Anführer. Und Männer sind im Allgemeinen stärker. (Es gibt natürlich etliche Ausnahmen.) Heute leben wir in einer ganz anderen Welt. Die zum Führen qualifiziertere Person ist nicht die physisch stärkere Person. Es ist die intelligentere, die kenntnisreichere, die kreativere, die innovativere. Und diese Eigenschaften werden nicht von Hormonen bestimmt. Ein Mann ist mit der gleichen Wahrscheinlichkeit intelligent, kreativ, innovativ wie eine Frau. Wir haben uns entwickelt. Doch unsere Vorstellungen von den Geschlechterrollen sind zurückgeblieben.

Vor nicht allzu langer Zeit betrat ich die Lobby eines der besten Hotels in Nigeria, und der Portier am Eingang hielt mich an und stellte mir ärgerliche Fragen – Wie hieß die Person, die ich besuchte, und welche Zimmernummer hatte sie? Kannte ich die Person? Konnte ich nachweisen, dass ich im Hotel wohnte, indem ich ihm die Schlüsselkarte zeigte? –, da er automatisch annahm, dass eine Nigerianerin, die allein ein Hotel aufsucht, eine Sexarbeiterin ist. Denn eine Nigerianerin ohne Begleitung kann unmöglich ein Gast sein, der für sein Zimmer selbst zahlt. Ein Mann, der dasselbe Hotel betritt, wird nicht schikaniert. Aufgrund der Annahme, dass er einen legitimen Grund für seinen Aufenthalt hat. (Nur nebenbei: Warum nehmen diese Hotels nicht die Nachfrage nach Sexarbeiterinnen ins Visier, sondern das scheinbare Angebot?)

In viele renommierte Clubs und Bars in Lagos kann ich nicht allein gehen. Man wird einfach nicht eingelassen, wenn man als Frau allein kommt. Man muss in Begleitung eines Mannes sein. Ich habe Freunde, die in einen Club gehen wollen und plötzlich eine völlig fremde Frau am Arm haben, weil diese völlig fremde Frau, die allein unterwegs ist, keine andere Wahl hatte, als sie um Hilfe zu bitten, um den Club betreten zu dürfen.

Jedes Mal, wenn ich mit einem Mann in ein nigerianisches Restaurant gehe, begrüßt der Kellner den Mann und ignoriert mich. Die Kellner sind Produkte einer Gesellschaft, die ihnen beigebracht hat, dass Männer wichtiger sind als Frauen, und ich weiß, dass sie es nicht böse meinen, aber es ist eine Sache, etwas intellektuell zu verstehen, und eine ganz andere, emotional davon betroffen zu sein. Jedes Mal, wenn sie mich ignorieren, komme ich mir vor, als wäre ich unsichtbar. Ich bin empört. Ich möchte ihnen erklären, dass ich genauso ein Mensch bin wie mein Begleiter, dass ich es ebenso wert bin, wahrgenommen zu werden. Es sind kleine Dinge, aber manchmal sind es diese kleinen Dinge, die am meisten weh tun.

Vor kurzem habe ich einen Artikel darüber geschrieben, was es heißt, in Lagos jung und weiblich zu sein. Und ein Bekannter sagte zu mir, dass es ein zorniger Artikel sei und ich ihn abmildern solle. Ich blieb unnachgiebig. Selbstverständlich war der Artikel zornig. Es ist ein schwerwiegendes Unrecht, wie die Geschlechterrollen heute verteilt sind. Wir sollten alle zornig sein. In der Geschichte hat

Zorn schon oft zu positiven Veränderungen geführt. Abgesehen davon, dass ich zornig bin, bin ich auch voller Hoffnung, weil ich zutiefst von der Fähigkeit der Menschen überzeugt bin, sich zum Besseren zu verändern.

Doch zurück zum Zorn. Ich hörte die Warnung im Tonfall des Bekannten, und ich wusste, dass die Bemerkung sich gleichermaßen auf den Artikel wie auf meinen Charakter bezog. Zorn, sagte der Tonfall, steht insbesondere Frauen nicht an. Als Frau bringt man besser keinen Zorn zum Ausdruck, denn das wirkt bedrohlich. Ich habe eine Freundin, eine Amerikanerin, die einen Posten im Management übernahm, den ein Mann innegehabt hatte. Ihr Vorgänger galt als »harter Macher«; er war direkt und fordernd und besonders streng, wenn es um Arbeitszeitnachweise ging. Sie trat den neuen Job an und betrachtete sich als ebenso hart, aber ein bisschen freundlicher als er – ihm war im Gegensatz zu ihr vielleicht nicht immer klar gewesen, dass manche Leute Familie hatten, sagte sie. Ein paar Wochen später bestrafte sie einen Angestellten disziplinarisch wegen gefälschter Arbeitszeitangaben, genau wie es ihr Vorgänger getan hätte. Der Angestellte beschwerte sich in der obersten Etage über ihren Führungsstil. Sie sei aggressiv und eine schwierige Vorgesetzte, erklärte der Angestellte. Andere Mitarbeiter schlossen sich seiner Meinung an. Einer sagte, sie hätten erwartet, dass sie ihrer Position einen »weiblichen Anstrich« verleihen würde, was aber nicht der Fall gewesen sei.

Keinem von ihnen fiel auf, dass sie das tat, wofür ein Mann gelobt worden war.

Ich habe noch eine Freundin, ebenfalls Amerikanerin, die eine hochdotierte Stelle in der Werbebranche hat. Sie ist eine von zwei Frauen in ihrem Team. Sie erzählte, dass sie sich bei einer Besprechung von ihrem Chef geringschätzig behandelt gefühlt hatte, der ihre Kommentare ignorierte und ähnliche Bemerkungen lobte, wenn sie von einem Mann stammten. Sie wollte sich wehren, ihren Chef zur Rede stellen. Aber sie tat es nicht. Stattdessen ging sie nach der Besprechung auf die Toilette und weinte, dann rief sie mich an, um ihrem Ärger Luft zu verschaffen. Sie hatte sich nicht öffentlich gewehrt, weil sie nicht als aggressiv gelten wollte. Sie ließ ihren Groll schwelen.

Was mir auffiel – bei ihr und vielen anderen meiner amerikanischen Freundinnen –, ist, wie viel ihnen daran liegt, gemocht zu werden. Sie wurden zu dem Glauben erzogen, dass es sehr wichtig ist, liebenswürdig zu sein, und dieser liebenswürdige Wesenszug etwas Besonderes ist. Und dieses Besondere ist unvereinbar damit, seinem Ärger Luft zu machen oder aggressiv zu sein oder zu laut zu widersprechen.

Wir verbringen zu viel Zeit damit, Mädchen einzureden, dass sie danach streben sollen, den Jungen zu gefallen. Umgekehrt ist das nicht der Fall. Wir bringen Jungen nicht bei, liebenswürdig zu sein. Wir raten Mädchen viel zu oft, dass sie nicht zornig oder aggressiv oder hart sein dürfen, was schon schlimm genug ist, aber dann drehen wir uns um und loben oder entschuldigen einen Jungen für genau diese Eigenschaften. Auf der ganzen Welt werden Artikel und Bücher geschrieben, die Frauen erklären, was sie tun, wie sie sein oder nicht sein sollen, damit Männer sich zu ihnen hingezogen fühlen und sie attraktiv finden. Es gibt wesentlich weniger Ratgeber, die Männern Tipps geben, wie sie Frauen gefallen.

Ich leite eine Schreibwerkstatt in Lagos, und eine junge Teilnehmerin erzählte mir, dass ein Freund ihr geraten habe, nicht auf mein »feministisches Gerede« zu hören; ich würde ihr nur Flausen in den Kopf setzen, die ihre Ehe kaputtmachten. Das ist eine Bedrohung – das Scheitern einer Ehe, die Möglichkeit, überhaupt nicht heiraten zu können –, von der in unserer Gesellschaft viel häufiger Frauen betroffen sind als Männer.

Das Geschlecht ist überall auf der Welt von Bedeutung. Ich möchte, dass wir anfangen, von einer anderen Welt zu träumen und Pläne zu schmieden. Für eine gerechtere Welt. Für eine Welt voll glücklicherer Männer und Frauen, die ihr wahres Selbst nicht verbergen müssen. Und der erste Schritt dazu ist: Wir müssen unsere Töchter anders erziehen. Und wir müssen unsere Söhne anders erziehen.

So wie wir sie erziehen, leisten wir unseren Söhnen einen Bärendienst. Wir ersticken ihre Menschlichkeit. Wir definieren Männlichkeit in einem sehr engen Sinn. Männlichkeit ist ein eiserner kleiner Käfig, in den wir unsere Jungen sperren.

Wir bringen unseren Jungen bei, Angst vor der Angst, vor Schwäche, vor Verletzlichkeit zu haben. Wir bringen ihnen bei, ihr wahres Selbst zu verstecken, weil sie, auf Nigerianisch gesagt, »harte Kerle« sein müssen.

Ein Junge und ein Mädchen gehen in der Mittelschule miteinander aus, beide sind Teenager und haben nicht viel Taschengeld. Von dem Jungen wird ausnahmslos immer erwartet, dass er die Rechnung zahlt, um seine Männlichkeit unter Beweis zu stellen. (Und wir fragen uns, warum Jungen ihren Eltern öfter Geld stehlen als Mädchen.)

Wie wäre es, wenn Jungen und Mädchen so erzogen würden, dass sie nicht automatisch Männlichkeit mit Geld in Verbindung bringen? Wenn ihre Einstellung nicht wäre »der Junge muss zahlen«, sondern »wer mehr hat, soll zahlen«? Aufgrund ihres historischen Vorteils sind es heutzutage natürlich meistens die Männer, die über mehr Geld verfügen.

Aber wenn wir unsere Kinder anders erziehen, dann werden Jungen in fünfzig oder hundert Jahren nicht mehr unter dem Druck stehen, ihre Männlichkeit mit materiellen Dingen zu beweisen.

Doch das bei weitem Schlimmste, was wir Jungen antun – indem wir ihnen einreden, sie müssten hart sein –, ist, dass wir ihnen ein sehr fragiles Ego verpassen. Je mehr ein Mann sich genötigt fühlt, hart zu sein, umso schwächer ist sein Ego.

Und den Mädchen leisten wir einen noch viel größeren Bärendienst, indem wir ihnen beibringen, dem fragilen Ego der Männer zu Diensten zu sein.

Wir bringen den Mädchen bei zu schrumpfen, sich kleiner zu machen.

Wir sagen zu den Mädchen: Du darfst ehrgeizig sein, aber nicht zu sehr. Du solltest erfolgreich sein, aber nicht zu erfolgreich, sonst stellst du eine Bedrohung für Männer dar. Wenn du in einer Beziehung mit einem Mann das Geld verdienst, dann tu so, als wäre das nicht der Fall, vor allem in der Öffentlichkeit, andernfalls beraubst du ihn seiner Männlichkeit.

Und wenn wir die Prämisse selbst in Frage stellen: Warum sollte der Erfolg einer Frau den Mann bedrohen? Wir sollten das Wort einfach aus unserem Wortschatz streichen – und vermutlich gibt es kein Wort, das ich weniger mag – Entmannung.

Ein nigerianischer Bekannter hat mich einmal gefragt, ob ich befürchte, dass Männer Angst vor mir haben.

Ich befürchtete es nicht – es war mir überhaupt nicht in den Sinn gekommen, weil ein Mann, der Angst vor mir hat, genau die Art Mann ist, die mich nicht interessiert.

Dennoch war ich betroffen. Weil ich eine Frau bin, wird von mir erwartet, dass ich heirate. Es wird von mir erwartet, dass ich bei allen wichtigen Entscheidungen in meinem Leben stets im Hinterkopf habe, dass die Ehe das Allerwichtigste ist. Eine Ehe kann etwas Gutes sein, eine Quelle der Freude, der Liebe, gegenseitiger Unterstützung. Aber warum erziehen wir Mädchen, die Ehe anzustreben, aber Jungen nicht?

Ich kenne eine Nigerianerin, die ihr Haus verkauft hat, weil sie potentielle Heiratskandidaten nicht verprellen möchte.

Ich kenne in Nigeria eine unverheiratete Frau, die einen Ehering trägt, wenn sie an einer Konferenz teilnimmt, weil sie von ihren Kollegen – laut eigener Aussage – »respektvoll« behandelt werden will. Das Traurige daran ist, dass sie dank des Eherings in der Tat automatisch respektwürdig erscheint, wohingegen sie nicht ernst genommen wird, wenn sie keinen Ehering trägt – und das in der modernen Arbeitswelt.

Ich kenne junge Frauen, die unter so großem Druck – seitens der Familie, Freunde, sogar Kollegen – stehen, zu heiraten, dass sie zwangsläufig schreckliche Entscheidungen treffen.

Unsere Gesellschaft nötigt eine Frau, die in einem gewissen Alter nicht verheiratet ist, diese Tatsache als schweres persönliches Versagen zu betrachten.

Während ein unverheirateter Mann in einem gewissen Alter sich einfach noch nicht nach der Richtigen umgesehen hat.

Leicht gesagt, aber Frauen können einfach nein zu all dem sagen. Doch die Wirklichkeit ist komplizierter und komplexer. Wir sind alle soziale Wesen. Wir internalisieren die Konzepte unserer Sozialisation.

Auch unsere Sprache illustriert das. Die Sprache der Ehe ist oft eine Sprache des Besitzstandes und nicht der Partnerschaft.

Wir benutzen das Wort *Respekt* für etwas, was eine Frau einem Mann entgegenbringt, aber nicht oft für das, was ein Mann einer Frau bezeugt.

Männer wie Frauen sagen: »Ich habe es um des lieben Friedens willen getan.«

Wenn Männer es sagen, geht es für gewöhnlich um etwas, was sie sowieso nicht tun sollten. Etwas, was sie ihren Freunden gegenüber auf liebenswert verärgerte Weise erwähnen, etwas, was letztlich ihre Männlichkeit beweist. »Ach, meine Frau hat gesagt, dass ich nicht jeden Abend in einen Club gehen soll, jetzt gehe ich um des lieben Friedens willen nur noch am Wochenende.«

Wenn Frauen »um des lieben Friedens willen« sagen, dann für gewöhnlich weil sie einen Job, ein Karriereziel, einen Traum aufgegeben haben.

Wir bringen Frauen bei, in einer Beziehung auf den Mann zuzugehen und zu Zugeständnissen bereit zu sein.

Wir erziehen Mädchen, sich gegenseitig als

Konkurrentinnen zu betrachten – nicht um Jobs oder Leistung, was meiner Ansicht nach positiv sein kann, sondern um die Aufmerksamkeit von Männern.

Wir bringen Mädchen bei, dass sie nicht auf die gleiche Weise wie Jungen sexuelle Wesen sind. Wir haben nichts dagegen, dass unsere Söhne Freundinnen haben. Aber unsere Töchter haben Freunde? Gott bewahre. (Aber selbstverständlich erwarten wir, dass sie zur rechten Zeit den perfekten Mann zum Heiraten mit nach Hause bringen.)

Wir wachen über die Mädchen. Wir loben Mädchen für ihre Jungfräulichkeit, Jungen loben wir nicht dafür (und ich frage mich, wie das eigentlich funktionieren soll, da der Verlust der Jungfräulichkeit meistens zweier Menschen unterschiedlichen Geschlechts bedarf).

Vor kurzem wurde eine junge Frau in einer nigerianischen Universität von mehreren Männern vergewaltigt, und die Reaktion vieler junger Nigerianerinnen und Nigerianer lautete: Ja, Vergewaltigung ist schlimm, aber was macht ein Mädchen in einem Zimmer mit vier Jungen?

Vergessen wir, so es uns möglich ist, die entsetzliche Unmenschlichkeit dieser Reaktion. Diese Menschen wurden in dem Glauben erzogen, dass Frauen grundsätzlich schuldig sind. Und sie wurden erzogen, so wenig von Männern zu erwarten, dass die Vorstellung von Männern als wilden Wesen ohne Selbstbeherrschung akzeptabel ist.

Wir erziehen Mädchen zur Scham. »Schlag die Beine übereinander.« »Zieh dich anständig an.« Wir geben ihnen das Gefühl, sie wären bereits schuldig, nur weil sie als Mädchen geboren sind. Und so wachsen Mädchen heran, die nicht sagen können, dass sie Verlangen verspüren. Die sich Schweigen auferlegen. Die nicht aussprechen können, was sie wirklich denken. Die Heuchelei zu einer Kunstform perfektioniert haben.

Ich kenne eine Frau, die Hausarbeit nicht ausstehen kann, aber vorgab, sie gern zu tun, weil ihr beigebracht wurde, dass sie – ein in Nigeria beliebter Ausdruck – »häuslich« sein muss, um als Heiratskandidatin in Betracht zu kommen. Und dann hat sie geheiratet. Und die Familie ihres Mannes begann sich zu beschweren, dass sie sich veränderte. Sie hatte sich nicht verändert. Sie hatte es nur satt vorzugeben, zu sein, was sie nicht war.

Das Problem mit Geschlechterrollen ist, dass sie uns vorschreiben, wie wir sein sollen, statt anzuerkennen, wie wir sind. Man stelle sich nur vor, wie viel glücklicher wir wären, wie viel freier, so zu sein, wie wir sind, wenn es diese belastenden Erwartungen nicht gäbe.

Es gibt zweifellos biologische Unterschiede zwischen Jungen und Mädchen, doch die

Sozialisation verstärkt diese Unterschiede. Nehmen wir zum Beispiel das Kochen. Im Allgemeinen ist es wahrscheinlicher, dass die Frauen die Hausarbeit machen – Kochen und Putzen. Aber warum ist das so? Weil Frauen mit einem Koch-Gen geboren oder weil sie so sozialisiert werden, Kochen als Bestandteil ihrer Rolle zu sehen? Ich wollte gerade sagen, dass Frauen vielleicht tatsächlich mit einem Koch-Gen geboren werden, als mir einfiel, dass die Mehrheit der berühmten Köche, denen die schicke Bezeichnung »Starkoch« verliehen wird, Männer sind.

Meine Großmutter war eine brillante Frau, und ich frage mich oft, was aus ihr geworden wäre, wenn sie in ihrer Jugend die gleichen Chancen gehabt hätte wie die Männer. Heute haben Frauen mehr Möglichkeiten als zur Zeit meiner Großmutter. Weil sich Politik und Gesetze geändert haben, und das ist wichtig.

Aber wichtiger noch ist unsere Einstellung, unsere Geisteshaltung.

Was wäre, wenn wir uns bei der Erziehung unserer Kinder auf Fähigkeiten konzentrierten statt auf Geschlecht? Was wäre, wenn wir uns auf Interessen konzentrierten statt auf Geschlecht?

Ich kenne eine Familie, die einen Sohn und eine Tochter hat, der Altersunterschied zwischen ihnen beträgt ein Jahr, beide sind in der Schule hervorragend. Wenn der Junge Hunger hat, sagen die Eltern zu dem Mädchen: Geh und mach Indomie-Nudeln für deinen Bruder. Das Mädchen macht nicht gern Indomie-Nudeln, aber sie ist ein Mädchen und muss. Was wäre, wenn die Eltern von Beginn an beiden Kindern beibringen würden, Indomie-Nudeln zu machen? Kochen ist übrigens eine nützliche und praktische Fertigkeit für einen Jungen: Ich war nie der Ansicht, dass man etwas so Wichtiges – die Fähigkeit, sich zu ernähren – anderen überlassen sollte.

Ich kenne eine Frau, die den gleichen Abschluss und die gleiche Arbeit hat wie ihr Mann. Wenn sie von der Arbeit nach Hause kommen, erledigt sie fast die ganze Hausarbeit, was für viele Ehen gilt, doch was mich betroffen machte, war, dass sie sich jedes Mal bei ihm bedankte, wenn er die Windel des Babys wechselte. Was wäre, wenn sie es als etwas ganz Normales und Natürliches betrachten würde, dass er bei der Kinderbetreuung hilft?

Ich versuche, viele Lektionen über die Geschlechterrollen, die ich im Heranwachsen internalisiert habe, wieder zu vergessen. Doch manchmal fühle ich mich immer noch verwundbar angesichts der Erwartungen, die damit verbunden sind.

Ich machte mir Sorgen, als ich zum ersten

Mal an einer Universität eine Schreibwerkstatt leitete. Nicht wegen des Lehrstoffs – ich war gut vorbereitet, und ich unterrichtete, was mir gefiel. Sorgen machte ich mir, weil ich nicht wusste, was ich anziehen sollte. Ich wollte ernst genommen werden.

Ich wusste, ich müsste als Frau automatisch meinen Wert beweisen. Ich befürchtete, nicht ernst genommen zu werden, wenn ich zu feminin aussah. Am liebsten hätte ich glänzendes Lipgloss und einen mädchenhaften Rock getragen, doch ich entschied mich dagegen. Ich zog einen sehr ernsten, sehr männlichen und sehr hässlichen Hosenanzug an.

Die traurige Wahrheit ist, dass wir Männer als Standard, als Norm annehmen, wenn es um das Aussehen geht. Viele von uns glauben, dass eine Frau umso ernster genommen wird, je unweiblicher sie auftritt. Ein Mann geht in eine Arbeitsbesprechung und fragt sich nicht, ob seine Kleidung Einfluss darauf hat, wie ernst er genommen wird – aber eine Frau fragt es sich.

Ich wünschte, ich hätte an jenem Tag nicht den hässlichen Anzug getragen. Wäre ich damals so selbstbewusst gewesen wie heute, meine Studenten hätten noch mehr von meinem Unterricht profitiert. Weil ich mich wohler gefühlt hätte und voll und ganz ich selbst gewesen wäre.

Ich habe beschlossen, mich nicht mehr für meine Femininität zu rechtfertigen. Und ich will in meiner ganzen Weiblichkeit respektiert werden. Weil ich es verdiene. Ich interessiere mich für Politik und Geschichte und bin glücklich, wenn ich über Ideen streiten kann. Ich bin mädchenhaft. Ich bin auf glückliche Weise mädchenhaft. Ich mag hohe Absätze und probiere gern Lippenstifte aus. Es ist schön, sowohl von Männern als auch von Frauen Komplimente zu bekommen (um ehrlich zu sein, am liebsten sind mir Komplimente von modebewussten Frauen), aber ich trage oft Kleider, die Männer nicht mögen oder nicht verstehen. Ich trage sie, weil ich sie mag und mich gut darin fühle. Der männliche Blick als etwas, das Entscheidungen in meinem Leben beeinflusst, ist überwiegend nebensächlich.

Über Geschlechterrollen wird nicht gern diskutiert. Das Thema bereitet Unbehagen und irritiert bisweilen. Männer und Frauen sprechen nur ungern darüber oder sind rasch dabei, damit einhergehende Probleme abzutun. Darüber nachzudenken, den Status quo zu verändern, ist immer mühsam.

Manche fragen: »Warum der Begriff Feminismus? Warum kann man nicht einfach sagen, dass man an die Menschenrechte glaubt?« Weil es unaufrichtig wäre. Natürlich sind Frauenrechte ein Teil der Menschenrechte im Allgemeinen, aber sich für den verschwommenen Ausdruck Menschenrechte zu entscheiden heißt, spezifische und spezielle Probleme zu leugnen. Man könnte dann so tun, als wären es nicht die Frauen gewesen, die jahrhundertelang ausgeschlossen waren. Man könnte leugnen, dass Frauen von dieser Problematik betroffen sind, dass es nicht darum geht, ein Mensch, sondern insbesondere eine Frau zu sein. Jahrhundertelang hat die Welt die Menschen in zwei Gruppen eingeteilt und eine Gruppe ausgeschlossen und unterdrückt. Es ist nur fair, dass die Lösung des Problems dem Rechnung trägt.

Für manche Männer stellt der Feminismus eine Bedrohung dar. Ich glaube, das rührt von ihrer anerzogenen Unsicherheit; ihr Selbstwertgefühl wird geschmälert, wenn sie als Männer nicht naturhaft das Sagen haben.

Andere Männer behaupten: Okay, das ist interessant, aber ich denke nicht so. Ich denke nicht einmal über Geschlechterrollen nach.

Vielleicht stimmt es.

Und das ist Teil des Problems. Dass viele Männer nicht aktiv über Geschlechterrollen nachdenken oder sie auch nur bemerken. Dass viele Männer wie mein Freund Louis behaupten, dass es früher schlimm gewesen, aber jetzt alles gut sei. Und dass viele Männer nichts tun, um die Situation zu verändern. Wenn ein Mann ein Restaurant betritt und der Kellner begrüßt nur ihn, kommt ihm nicht in den Sinn, den Kellner zu fragen: »Warum begrüßen Sie sie nicht?« Männer müssen bei diesen scheinbar kleinen Vorfällen den Mund aufmachen.

Wenn Feminismus ein unangenehmes Thema ist, gibt es diese einfachen Möglichkeiten, das Gespräch darüber zu beenden.

Manche werden die Evolutionsbiologie und

Menschenaffen ins Feld führen, sie werden das Beispiel bringen, wie Affenweibchen sich vor Affenmännchen verneigen und so weiter. Aber: Wir sind keine Affen. Affen leben auf Bäumen und fressen Würmer. Wir nicht.

Manche werden sagen: Ach, arme Männer haben es auch nicht leicht. Und das stimmt.

Doch darum geht es nicht. Geschlecht und Schicht sind zwei verschiedene Dinge. Arme Männer haben immer noch das Privileg, Männer zu sein, auch wenn sie nicht über die Privilegien des Reichtums verfügen. Ich habe viel über die Systeme der Unterdrückung und ihre Ignoranz untereinander gelernt, indem ich mit schwarzen Männern gesprochen habe. Bei einem Gespräch über Feminismus fragte mich ein Mann: »Warum müssen es deine Erlebnisse als Frau sein? Warum nicht als Mensch?« Diese Art Frage bringt die spezifischen Erfahrungen einer Person zum Verstummen. Natürlich bin ich ein Mensch, aber in dieser Welt geschehen mir bestimmte Dinge, weil ich eine Frau bin. Dieser Mann sprach übrigens oft über seine Erfahrungen als schwarzer Mann. (Worauf ich wahrscheinlich mit der Frage hätte reagieren sollen: Warum nicht deine Erfahrungen als Mann oder als Mensch? Warum als schwarzer Mann?)

Nein, es geht um Geschlechterrollen. Manche werden sagen: Ach, aber es sind die Frauen, die in Wahrheit die Macht haben: sexuelle Macht. (In Nigeria »bottom power« genannt; eine Frau setzt sie ein, um von Männern zu bekommen, was sie will.) Aber sexuelle Macht ist de facto keine Macht, denn die Frau selbst ist nicht mächtig; sie hat nur eine gute Möglichkeit die Macht eines anderen anzuzapfen. Und was passiert, wenn der Mann schlecht gelaunt oder krank oder impotent ist?

Manche werden sagen, dass Frauen den Männern untergeben sind, weil unsere Kultur es so will. Doch Kultur unterliegt einem ständigen Wandel. Ich habe wunderhübsche fünfzehnjährige Zwillingsnichten. Wären sie vor hundert Jahren geboren, wären sie der Mutter weggenommen und getötet worden. Weil in der Kultur der Igbo Zwillinge vor hundert Jahren als schlechtes Omen galten. Heute ist diese Praxis allen Igbo unvorstellbar.

Worum geht es bei Kultur? Die Funktion von Kultur ist es letztlich, das kontinuierliche Fortbestehen eines Volkes sicherzustellen. In meiner Familie bin ich das Kind, das sich am meisten für unsere Geschichte, Heimat und Traditionen interessiert. Meine Brüder haben kaum Interesse daran. Da die Igbo-Kultur Männer privilegiert und nur die Männer einer Großfamilie an den Treffen teilnehmen dürfen, bei denen wichtige Fragen entschieden werden, bin ich ausgeschlossen. Obwohl ich mich am meisten für diese Dinge interessiere, darf ich an den Treffen nicht teilnehmen.

Ich habe nicht das Recht, meine Meinung zu sagen. Weil ich eine Frau bin.

Die Kultur erschafft die Menschen nicht. Die Menschen erschaffen die Kultur. Wenn es stimmt, dass die volle Menschlichkeit der Frauen nicht Bestandteil unserer Kultur ist, dann können und müssen wir sie dazu machen.

Ich denke oft an meinen Freund Okoloma. Mögen er und die anderen, die bei dem Sosoliso-Absturz ums Leben kamen, weiterhin in Frieden ruhen. Die, die ihn geliebt haben, werden ihn nie vergessen. Und an jenem Tag vor vielen Jahren hatte er recht, als er mich eine Feministin nannte. Ich bin eine Feministin.

Und als ich vor diesen vielen Jahren das Wort im Lexikon nachschlug, las ich: *Feministin: eine Person, die an die soziale, politische und ökonomische Gleichstellung der Frauen glaubt.*

Aus den Geschichten, die ich gehört habe, weiß ich, dass meine Urgroßmutter eine Feministin war. Sie lief fort aus dem Haus des Mannes, den sie nicht heiraten wollte, und heiratete den Mann ihrer Wahl. Sie fügte sich nicht, protestierte und wehrte sich, wenn sie das Gefühl hatte, dass man ihr Land und Zutritt verweigerte, nur weil sie eine Frau war. Sie kannte das Wort Feministin nicht. Aber das heißt nicht, dass sie keine war. Mehr Frauen sollten dieses Wort für sich beanspruchen. Der größte Feminist ist mein Bruder Kene, ein freundlicher, gutaussehender und sehr männlicher junger Mann. Meine persönliche Definition lautet: Eine Feministin oder ein Feminist ist ein Mensch, der sagt, ja, es gibt heutzutage Probleme mit Geschlechterrollen, und das müssen wir korrigieren, und wir müssen es besser machen. Wir alle, Frauen und Männer, müssen es besser machen.

Liebe Ijeawele …

Wie unsere Töchter selbstbestimmte Frauen werden

Für Uju Egonu.

Und für meine kleine Schwester
Ogechukwu Ikemelu.

In Liebe.

Vorwort

Als mich vor ein paar Jahren eine Freundin aus Kindertagen, die zu einer brillanten, starken, sympathischen Frau herangewachsen war, bat, ihr zu sagen, wie man ein neugeborenes Mädchen feministisch erzieht, war mein erster Gedanke, dass ich es nicht wusste.

Es erschien mir eine zu große Aufgabe.

Aber ich hatte öffentlich über Feminismus gesprochen, und deshalb hielt sie mich wohl für eine Expertin. Im Lauf der Jahre hatte ich mich zudem um viele Babys in meiner Bekanntschaft und Verwandtschaft gekümmert; ich hatte als Babysitterin gejobbt und dabei geholfen, meine Neffen und Nichten zu erziehen. Ich hatte viel gesehen und gehört, und ich hatte noch mehr nachgedacht.

Um meiner Freundin zu antworten, beschloss ich, ihr einen ehrlichen und praktischen Brief zu schreiben, der zugleich als eine Art Landkarte für mein eigenes feministisches Denken fungieren sollte. Dieses Buch ist, abgesehen von ein paar veränderten Details, eine Version dieses Briefs.

Jetzt, da ich selbst Mutter eines reizenden kleinen Mädchens bin, ist mir klar, wie leichtfertig Ratschläge zur Kindererziehung gegeben werden, solange man nicht selbst vor der unglaublich komplexen Realität dieser Aufgabe steht.

Dennoch glaube ich, dass es moralisch dringend geboten ist, ehrlich darüber zu sprechen, wie man Kinder anders erziehen, wie man eine gerechtere Welt für Frauen und Männer erschaffen kann.

Meine Freundin antwortete mir, dass sie »versuchen« wolle, meine Vorschläge zu berücksichtigen.

Und wenn ich sie jetzt als Mutter erneut lese, bin auch ich entschlossen, es zu versuchen.

Liebe Ijeawele,

was für ein Glück. Und was für ein schöner Name: Chizalum Adaora. Sie ist so hübsch. Erst einen Tag alt, und schon schaut sie neugierig in die Welt. Was für eine außerordentliche Leistung es ist, ein menschliches Wesen in die Welt zu bringen. »Glückwunsch« kann es nicht annähernd ausdrücken. Auf deine Nachricht hin habe ich geweint. Du weißt ja, dass ich manchmal albern emotional reagiere. Bitte, glaube mir, dass ich dein Vorhaben – sie feministisch zu erziehen – sehr ernst nehme. Und ich verstehe, was du meinst, wenn du schreibst, in manchen Situationen weißt du nicht, wie eine feministische Reaktion aussehen sollte. Für mich ist Feminismus immer abhängig vom Kontext. Ich habe keine in Stein gemeißelten Regeln; meine beste Annäherung an eine Formel sind zwei »feministische Instrumente«, die ich dir gleich zu Beginn beschreiben will.

Das erste ist eine Prämisse, von der du ausgehst, ein fester, unbeugsamer Glaube. Wie sieht diese Prämisse aus? Deine feministische Prämisse sollte sein: Ich bin wichtig. Ich bin gleich wichtig. Nicht »falls«. Nicht »solange«. Ich bin gleich wichtig. Punkt.

Das zweite Instrument ist eine Frage: Kannst du X umkehren und erhältst trotzdem dasselbe Resultat?

Zum Beispiel: Viele Leute glauben, dass die adäquate feministische Reaktion einer Frau auf die Untreue ihres Mannes ist, ihn zu verlassen. Aber ich bin der Ansicht, dass Bleiben abhängig vom Kontext eine feministische Alternative sein kann. Wenn Chudi mit einer anderen Frau schläft und du ihm verzeihst, würde er dir auch verzeihen, wenn du mit einem anderen Mann schläfst? Wenn die Antwort ja ist, dann kann deine Entscheidung, ihm zu vergeben, eine feministische Reaktion sein, weil sie nicht auf der Ungleichheit der Geschlechter beruht. Bedauerlicherweise lautet die Antwort auf diese Frage in den meisten Ehen nein, und der Grund dafür ist vom Geschlecht bestimmt – von der absurden Vorstellung dass »Männer eben Männer sind«.

Ich habe ein paar Vorschläge, wie Chizalum erzogen werden sollte. Aber vergiss nicht, dass du dich an alle meine Vorschläge halten kannst, und sie wird vielleicht doch anders, als du es dir erhoffst, einfach weil das Leben seinen Lauf nimmt. Wichtig ist, dass du es versuchst. Und vertraue vor allem immer auf deine Instinkte, denn die Liebe zu deinem Kind wird dich leiten.

Hier sind meine Vorschläge.

Erster Vorschlag

Sei eine vollständige Person

Mutterschaft ist ein großartiges Geschenk, aber definiere dich nicht nur über die Mutterrolle. Sei eine vollständige Person. Dein Kind wird davon profitieren. Die wegweisende amerikanische Journalistin Marlene Sanders hat einmal zu einer jüngeren Kollegin gesagt: »Entschuldige dich nie dafür, dass du arbeitest. Du liebst, was du tust, und die eigene Arbeit zu lieben ist ein einzigartiges Geschenk, das du deinem Kind machen kannst.«

Du musst deine Arbeit noch nicht einmal lieben; es reicht schon, wenn du liebst, was die Arbeit dir ermöglicht – das Selbstvertrauen und die Erfüllung, die damit einhergehen, dass man etwas tut und Geld verdient.

Es überrascht mich nicht, dass deine Schwägerin meint, du solltest eine »traditionelle« Mutter sein und zu Hause bleiben, Chudi könne es sich leisten, seine Familie brauche kein »doppeltes Einkommen«. Die Leute benutzen »traditionell« selektiv, um alles zu rechtfertigen. Erklär ihr, dass eine Familie mit doppeltem Einkommen die wahre Igbo-Tradition ist, denn Mütter betrieben in präkolonialen Zeiten nicht nur Landwirtschaft und Handel, letzteres war in der Igbo-Kultur sogar eine reine Frauendomäne. Läge ihr das Lesen nicht so fern, wüsste sie das. Dies nur als kleiner Seitenhieb, um dich aufzumuntern. Ich weiß, dass du genervt bist – und das solltest du auch sein – aber es ist wirklich das Beste, sie zu ignorieren. Jeder wird jetzt eine Meinung dazu haben, was du tun sollst, doch nur was du für richtig hältst, zählt. Bitte verweigere dich der Vorstellung, dass sich Mutterschaft und Berufstätigkeit wechselseitig ausschließen.

Unsere Mütter haben voll gearbeitet, während wir aufwuchsen, und wir sind gelungen – du zumindest, bei mir steht das Urteil der Jury noch aus.

Sei in den nächsten frühen Wochen der Mutterschaft nett zu dir. Bitte um Hilfe. Erwarte, dass dir geholfen wird. So etwas wie eine Superfrau gibt es nicht. Kindererziehung heißt üben – und lieben. (Ich wünschte wirklich, dass »Kindererziehung« für die Mittelschicht nicht zu einem endlosen furchterregenden Unternehmen des schlechten Gewissens geworden wäre.)

Erlaube dir zu scheitern. Eine frischgebackene Mutter weiß nicht notwendigerweise, wie man ein schreiendes Baby beruhigt. Mach dir bewusst, dass du nicht alles auf Anhieb wissen kannst. Mach dich im Internet kundig, lies Bücher, frage ältere Eltern oder probiere es einfach aus. Konzentrier dich darauf, eine vollständige Person zu bleiben. Nimm dir Zeit für dich selbst. Kümmere dich um deine eigenen Bedürfnisse.

Bitte glaube nicht, dass du »alles schaffen« musst. Unsere Kultur lobt Frauen, die »alles schaffen«, hinterfragt jedoch nicht die Prämisse dieses Lobs. Ich interessiere mich nicht für die Vorstellung von Frauen, die »alles schaffen«, weil es eine Vorstellung ist, die Kindererziehung und Hausarbeit als exklusiv weibliche Domänen betrachtet, eine Vorstellung, die ich heftig ablehne. Hausarbeit und Kindererziehung sollten geschlechtsneutrale Aufgaben sein, und wir sollten nicht fragen, ob eine Frau »alles schafft«, sondern wie wir Eltern bei ihren doppelten Pflichten in der Arbeit und zu Hause unterstützen können.

Zweiter Vorschlag

Tut es gemeinsam

Erinnerst du dich, wie wir in der Grundschule gelernt haben, dass ein Verb ein »Tunwort« ist? Ein Vater ist genauso ein Akteur wie eine Mutter. Chudi sollte alles tun, was die Biologie gestattet – das heißt alles außer Stillen. Manchmal sind Mütter, die dazu sozialisiert sind, alles zu sein und alles zu tun, Komplizinnen, wenn es darum geht, die Rolle des Vaters herunterzuspielen. Vielleicht meinst du, dass Chudi sie nicht genau so badet, wie du es gern hättest, dass er ihren Hintern nicht so perfekt wischt wie du. Aber na und? Was ist das Schlimmste, das passieren kann? Sie wird in den Händen ihres Vaters nicht sterben. Ich meine das ernst. Er liebt sie. Es tut ihr gut, von ihm versorgt zu werden. Schau weg, zügle deinen Perfektionismus, beruhige dein sozial konditioniertes Pflichtgefühl. Teilt die Kinderbetreuung paritätisch auf. »Paritätisch« hängt natürlich von euch beiden ab. Es bedeutet nicht buchstäblich fifty-fifty oder tagtägliches Punktezählen, aber du wirst wissen, wenn die Kinderbetreuung gleichmäßig verteilt ist. Du wirst es daran erkennen, dass du keinen Groll hegst. Wenn wahre Gleichheit herrscht, gibt es keinen Groll.

Und bitte, weise den Ausdruck »Hilfe« zurück. Chudi »hilft« nicht, indem er sich um sein Kind kümmert. Er tut, was er tun sollte. Wenn wir sagen, dass Väter »helfen«, gehen wir davon aus, dass Kinderbetreuung Aufgabe der Mutter ist, in die Väter sich mannhaft vorwagen. Dem ist nicht so. Kannst du dir vorstellen, wie viele Menschen heute glücklicher und stabiler wären, Besseres zur Welt beitragen würden, wenn ihre Väter in der Kindheit aktiv präsent gewesen wären? Und sage niemals, dass Chudi sich als »Babysitter« betätigt – Babysitter sind Personen, die nicht primär für das Kind verantwortlich sind.

Chudi verdient genauso wenig besondere Dankbarkeit oder spezielles Lob wie du – ihr habt euch beide entschieden, ein Kind in die Welt zu bringen, und die Verantwortung für dieses Kind müsst ihr beide gleichermaßen tragen. Es wäre etwas anderes, wenn du eine alleinerziehende Mutter wärst – entweder aufgrund der Umstände oder aus freier Entscheidung –, denn dann wäre »es gemeinsam tun« keine Option. Aber du solltest keine alleinerziehende Mutter sein, außer du bist wirklich eine alleinerziehende Mutter.

Mein Freund Nwabu hat mir einmal erzählt, dass er zu »Mr Mom« wurde, weil ihn seine Frau verließ, als seine Kinder noch klein waren. Damit meinte er, dass er die alltägliche Kinderbetreuung übernahm. Aber er war kein »Mr Mom«, er war einfach nur ein Vater.

Dritter Vorschlag

Erkläre ihr, dass »Geschlechterrollen« absoluter Blödsinn sind

Sag nie zu ihr, dass sie etwas tun oder lassen solle, »weil du ein Mädchen bist«.

»Weil du ein Mädchen bist« ist nie ein Grund für irgendetwas. Nie.

Ich erinnere mich, dass mir als Kind gesagt wurde, ich solle mich »beim Fegen richtig bücken, wie ein Mädchen«. Das hieß, dass Fegen etwas damit zu tun hatte, ein Mädchen zu sein. Ich wünschte, man hätte einfach zu mir gesagt, »bück dich und fege richtig, weil dann der Boden wirklich sauber wird«. Und ich wünschte, dass es auch meinen Brüdern gesagt worden wäre.

In Nigeria gab es in den Social Media vor kurzem Diskussionen über Frauen und Kochen, darüber, dass Frauen für ihre Männer kochen sollten. Es ist komisch auf die Art, wie bedauerliche Dinge komisch sein können, dass wir 2016 noch über das Kochen sprechen, als wäre es ein »Test für weibliche Ehetauglichkeit«.

Die Fähigkeit zu kochen ist nicht vorinstalliert in einer Vagina. Kochen lernt man. Kochen – und Hausarbeit im Allgemeinen – ist eine Fertigkeit, die idealerweise sowohl Männer als auch Frauen besitzen sollten. Es ist zudem eine, die bisweilen weder Frauen noch Männer erwerben.

Wir müssen auch über die Grundlage dieser Diskussionen sprechen, nämlich die Vorstellung, dass die Ehe eine Auszeichnung für Frauen ist. Wenn wir damit aufhören würden,

Frauen darauf zu konditionieren, die Ehe als Auszeichnung zu betrachten, dann hätten wir weniger Diskussionen darüber, dass Frauen kochen müssen, um sich diese Auszeichnung zu verdienen.

Es ist interessant, wie früh die Welt ansetzt, Geschlechterrollen zu erfinden. Gestern ging ich in ein Kindergeschäft, um Chizalum etwas zum Anziehen zu kaufen. In der Mädchenabteilung hingen helle Sachen in verwaschenem Rosa. Sie gefielen mir nicht. In der Jungenabteilung fand ich Dinge in kräftigem Blau. Weil ich glaubte, dass Blau wunderbar zu ihrer braunen Haut passt – und auf Fotos besser aussieht –, kaufte ich etwas Blaues. Die Kassiererin sagte, dass es das perfekte Geschenk für einen neugeborenen Jungen sei. Ich erwiderte, es sei für ein Mädchen. Sie blickte entsetzt drein. »Blau für ein Mädchen?«

Ich kann nur staunen über die clevere Marketingperson, die diese Aufteilung in Rosa und Blau erfunden hat. Es gab auch einen »geschlechtsneutralen« Bereich mit einem Sortiment von tristem Grau. »Geschlechtsneutral« ist dumm, denn es beruht auf der Vorstellung von männlich-blau und weiblich-rosa und »geschlechtsneutral« als eigener Kategorie. Warum wird Babykleidung nicht nach Alter sortiert und in allen Farben produziert? Schließlich sind die Körper männlicher und weiblicher Babys sehr ähnlich.

Ich ging in die Spielzeugabteilung, die ebenfalls nach Geschlechtern organisiert war. Spielzeug für Jungen ist überwiegend »aktiv« und verlangt nach einer Betätigung – Züge, Autos –, und Spielzeug für Mädchen ist überwiegend »passiv« und besteht zu einem überwältigenden Prozentsatz aus Puppen. Ich war schockiert. Mir war nicht klar, wie früh unsere Kultur festlegt, wie ein Junge und wie ein Mädchen sein sollten.

Ich wünschte mir, Spielzeug wäre nach Kategorien sortiert, nicht nach Geschlechtern.

Habe ich dir erzählt, wie ich einmal mit einem siebenjährigen nigerianischen Mädchen und ihrer Mutter in einem Einkaufszentrum in den USA war? Das Mädchen sah einen Spielzeughubschrauber, der fliegen konnte und mit einer funkgesteuerten Fernbedienung kontrolliert wurde. Sie war fasziniert und wollte gern einen haben. »Nein«, sagte ihre Mutter, »du hast deine Puppen.« Und sie erwiderte: »Mama, darf ich denn nur mit Puppen spielen?« Das habe ich nie vergessen. Ihre Mutter meinte es offenbar gut. Sie kannte sich mit Geschlechterrollen aus. Mädchen spielen mit Puppen und Jungen mit Autos. Ich frage mich jetzt wehmütig, ob aus dem Mädchen nicht eine revolutionäre Ingenieurin geworden wäre, hätte sie die Chance bekommen, den Helikopter zu erforschen.

Wenn wir kleine Kinder nicht in die Zwangsjacke der Geschlechterrollen stecken, geben wir ihnen den Raum, ihr volles Potential zu entfalten. Bitte betrachte Chizalum als Individuum. Nicht als Mädchen, das gewissen Standards entsprechen muss. Betrachte ihre Schwächen und Stärken auf individuelle Weise. Miss sie nicht nach dem Maßstab, wie Mädchen sein sollen. Dein Maßstab sollte die beste Version ihrer selbst sein.

Eine junge Frau erzählte mir einmal, dass sie sich jahrelang »wie ein Junge« verhalten habe – sie mochte Fußball und fand Kleider langweilig –, bis ihre Mutter sie zwang, ihre »jungenhaften« Interessen aufzugeben. Heute ist sie ihrer Mutter dankbar, weil sie ihr geholfen hat, sich wie ein Mädchen zu benehmen. Die Geschichte machte mich traurig. Ich fragte mich, welche Teile von sich sie hatte zum Verstummen bringen und unterdrücken müssen und was sie an Gedankenfreiheit verloren hatte. Sie hatte sich nicht verhalten wie ein Junge, sondern wie sie selbst.

Eine andere Bekannte, die mit ihrem einjährigen Sohn zu einer Babyspielgruppe ging, erzählte mir, wie auffallend es gewesen sei, dass Mütter von Mädchen ihre Kinder häufig zurückhielten und ihnen ständig einbläuten »fass das nicht an« oder »hör auf und sei lieb«. Jungen dagegen wurden ermuntert, Dinge zu erforschen, selten zurückgehalten und fast nie ermahnt, »lieb zu sein«. Ihre Theorie ist es, dass Eltern unbewusst sehr früh anfangen, den Mädchen beizubringen, wie sie sich verhalten sollen, dass Mädchen mehr Regeln aufgezwungen werden und weniger Raum gelassen wird, während Jungen mehr Raum zugestanden wird und weniger Regeln aufoktroyiert werden.

Geschlechterrollen sind so tief in uns verankert worden, dass wir uns sogar daran halten, wenn sie unseren wahren Wünschen, unseren Bedürfnissen, unserem Wohlbefinden widersprechen. Es ist sehr schwer, sie wieder abzulegen, und deswegen ist es wichtig, dass Chizalum lernt, sie von Anfang an abzulehnen. Statt ihr Geschlechterrollen aufzuzwingen, erziehe sie zur Selbständigkeit. Erklär ihr, wie wichtig es ist, selbst aktiv zu werden und allein zurechtzukommen. Sie soll versuchen, Dinge zu reparieren, wenn sie kaputt sind. Wir nehmen so schnell an, dass Mädchen vieles nicht können. Lass sie es versuchen. Kauf ihr Spielsachen wie Bauklötze und Züge – und auch Puppen, wenn du willst.

Vierter Vorschlag

Sei auf der Hut vor der Gefahr dessen, was ich Feminismus Light nenne

Dahinter steckt die Idee der vorbehaltlichen Gleichheit der Geschlechter. Lehne sie vollkommen ab. Es ist eine bedeutungslose, versöhnlerische und armselige Idee. Eine Feministin zu sein ist wie schwanger zu sein. Entweder man ist es, oder man ist es nicht. Entweder glaubt man an die vollständige Gleichheit der Geschlechter, oder man glaubt nicht daran.

Hier ein paar Beispiele für Feminismus Light:

Eine Frau sollte ehrgeizig sein, aber nicht zu sehr. Eine Frau kann erfolgreich sein, aber sie sollte auch ihre häuslichen Pflichten erfüllen und für ihren Mann kochen. Eine Frau sollte ihr eigenes Leben haben, aber sie sollte ihre wahre

Rolle als Hüterin des Heims nicht vergessen. Natürlich sollte eine Frau arbeiten gehen, aber der Mann ist immer das Oberhaupt der Familie.

Feminismus Light bedient sich hirnverbrannter Analogien wie »er ist der Kopf, und du bist der Hals« oder »er sitzt am Steuer, aber du sitzt auf dem Beifahrersitz«. Besorgniserregender noch ist der dem Feminismus Light zugrundeliegende Gedanke, dass Männer von Natur aus überlegen sind, aber Frauen gefälligst »gut zu behandeln« haben. Nein. Nein. Nein. Das Wohlbefinden einer Frau darf nicht länger vom Wohlwollen der Männer abhängen.

Feminismus Light benutzt gern das Wort »gestatten«. Theresa May ist die britische Premierministerin, und eine progressive britische Zeitung beschrieb ihren Mann folgendermaßen: »Philip May ist in der Politik bekannt als ein Mann, der sich im Hintergrund hält und seiner Frau Theresa gestattet, im Rampenlicht zu stehen.«

Gestattet.

Kehren wir die Sache um. Theresa May hat ihrem Mann gestattet, im Rampenlicht zu stehen. Ergibt das einen Sinn? Wenn Philip May Premierminister wäre, würden wir wahrscheinlich hören, dass seine Frau ihn im Hintergrund unterstützt oder »hinter« ihm steht, aber wir würden nie lesen, dass sie ihm »gestattet«, im Rampenlicht zu stehen.

Gestatten ist ein verstörendes Wort. Dabei geht es um Macht. Mitglieder der Gesellschaft für Feminismus Light sagen oft: »Lass die Frau machen, was sie will, solange ihr Mann es gestattet.«

Ein Ehemann ist kein Schuldirektor. Eine Ehefrau ist keine Schülerin. Erlaubnis und »jemandem etwas gestatten« sollten, einseitig benutzt – und das werden sie fast immer –, in der Sprache einer gleichberechtigten Ehe nicht vorkommen.

Ein weiteres unerhörtes Beispiel für Feminismus Light: Männer, die sagen: »Natürlich muss eine Frau nicht immer die Hausarbeit erledigen, ich habe die Hausarbeit gemacht, als meine Frau auf Reisen war.«

Erinnerst du dich, wie wir uns vor ein paar Jahren halb totgelacht haben über einen miserabel geschriebenen Artikel über mich? Der Verfasser – ein in mehr als einer Beziehung kleiner Mann – warf mir vor, »zornig« zu sein, als wäre »zornig sein« etwas, wofür man sich schämen müsste. Natürlich bin ich zornig. Ich bin zornig über Rassismus. Ich bin zornig über Sexismus. Aber ich bin zorniger über Sexismus als über Rassismus. Weil ich mich mit meinem Zorn über Sexismus oft allein fühle. Ich liebe und lebe unter Menschen, die Unrecht aufgrund von rassistisches Unrecht sofort anerkennen, aber nicht sexistisches Unrecht.

Ich kann dir gar nicht sagen, wie oft Menschen, die mir wichtig sind – Männer und Frauen –, von mir erwarten, dass ich Beispiele für Sexismus liefere, Sexismus »beweise«. Wenn es um Rassismus geht, erwartet das niemand. (Offenbar wird in der großen weiten Welt immer noch erwartet, dass Leute Rassismus »beweisen«, aber nicht in meinem Freundeskreis.) Ich kann dir gar nicht sagen, wie oft diese Menschen sexistische Situationen abgetan oder kleingeredet haben.

Wie unser Freund Ikenga, der immer schnell bei der Sache ist, wenn es darum geht zu bestreiten, dass irgendetwas die Folge von Misogynie ist, der nie Interesse zeigt oder Anteil nimmt, sondern immer darauf erpicht ist zu beweisen, dass in Wirklichkeit Frauen die Privilegierten sind. Einmal sagte er: »Eigentlich ist mein Vater der Herr im Haus, aber hinter den Kulissen hat meine Mutter die Hosen an.« Er glaubte, sich gegen Sexismus auszusprechen, aber er lieferte nur ein Beispiel dafür. Warum »hinter den Kulissen«? Wenn eine Frau Macht hat, warum müssen wir verheimlichen, dass sie Macht hat? Aber das ist die traurige Wahrheit – unsere Welt ist voller Frauen und Männer, die keine mächtigen Frauen mögen. Uns ist eingetrichtert worden, Macht für etwas Männliches zu halten, dass eine mächtige Frau zwangsläufig eine Anomalie sein muss. Und deswegen wird sie kontrolliert. Von einer mächtigen Frau wollen wir wissen, ob sie bescheiden ist. Lächelt sie? Ist sie ausreichend dankbar? Hat sie eine häusliche Seite? Einem mächtigen Mann stellen wir diese Frage nicht, was zeigt, dass uns nicht die Macht als solche Unbehagen bereitet, sondern mächtige Frauen. Wir beurteilen mächtige Frauen härter als mächtige Männer. Und der Feminismus Light macht es möglich.

Fünfter Vorschlag
Bring Chizalum das Lesen bei

Bring ihr bei, Bücher zu lieben. Am besten geht es durch zwangloses Vorleben. Wenn sie dich lesen sieht, wird sie begreifen, dass Lesen etwas Kostbares ist. Wenn sie nicht zur Schule ginge und nur Bücher läse, würde sie unter Umständen zu einer gebildeteren Person als ein konventionell unterrichtetes Kind. Bücher werden ihr dabei helfen, die Welt zu verstehen und zu hinterfragen, sich auszudrücken und ihren Beruf auszuüben – alle Berufe profitieren von den Fähigkeiten, die das Lesen fördert. Ich spreche nicht von Schulbüchern, sondern von Büchern, die nichts mit der Schule zu tun haben, Autobiographien, Romane, Erzählungen. Wenn alles nichts hilft, dann bezahle sie fürs Lesen. Belohne sie. Ich kenne diese unglaubliche Nigerianerin, die ihr Kind in den USA großzog; ihre Tochter wollte nicht lesen, deswegen beschloss sie, ihr fünf Cent pro Seite zu zahlen. Ein kostspieliges Unterfangen, sagte sie später scherzhaft, aber die Investition hat sich gelohnt.

Sechster Vorschlag
Bring ihr bei, Sprache zu hinterfragen

In der Sprache bewahren wir unsere Vorurteile, unsere Glaubensvorstellungen, unsere Annahmen auf. Aber um ihr das beizubringen, wirst du deine eigene Sprache hinterfragen müssen. Eine Freundin erzählt, dass sie ihre Tochter nie »Prinzessin« nennt. Die Leute meinen es gut, wenn sie ein Mädchen so nennen, aber »Prinzessin« ist befrachtet mit Unterstellungen von Zierlichkeit, von der Errettung durch einen Prinzen und so weiter. Diese Freundin zieht »Engel« oder »Stern« vor.

Überlege dir die Dinge, die du zu deinem Kind nicht sagen wirst. Denn es ist wichtig, was du zu deiner Tochter sagst. Es lehrt sie, was sie wertschätzen soll. Du kennst den Igbo-Scherz, mit dem kindische Mädchen verspottet werden – »Was tust du da? Du bist alt genug, um einen Mann zu finden.« Früher habe ich das oft gesagt. Aber jetzt nicht mehr. Stattdessen sage ich: »Du bist alt genug, einen Job zu finden.« Denn ich glaube nicht, dass die Ehe etwas ist, das anzustreben man jungen Mädchen nahelegen sollte.

Versuche, nicht zu häufig die Wörter »Misogynie« und »Patriarchat« zu benutzen. Feministinnen sprechen manchmal zu viel Jargon, und Jargon wirkt manchmal zu abstrakt. Nenn nicht einfach etwas frauenfeindlich, sondern erkläre ihr, warum es frauenfeindlich ist und was man dagegen tun kann.

Bring ihr bei, dass man ein Problem nicht mit X, sondern mit Frauen hat, wenn man X bei Frauen, aber nicht bei Männern kritisiert. Für

X kann man unter anderem einsetzen: Zorn, Lautstärke, Sturheit, Kälte, Ruchlosigkeit.

Bring ihr bei, Fragen zu stellen wie: Was können Frauen nicht tun, nur weil sie Frauen sind? Besitzen diese Dinge kulturelles Prestige? Wenn ja, warum dürfen nur Männer Dinge mit kulturellem Prestige tun?

Benutze am besten Beispiele aus dem alltäglichen Leben. Erinnerst du dich an die Fernsehwerbung, in der ein Mann kocht und die Frau ihm Beifall klatscht? Ein wahrer Fortschritt wäre es, wenn sie nicht ihm, sondern dem Essen applaudieren würde – sie kann sein Essen loben oder nicht, so wie er ihr Essen loben kann oder nicht, aber sexistisch ist, dass sie die Tatsache beklatscht, dass er kocht, denn das impliziert, dass Kochen etwas inhärent Weibliches ist.

Erinnerst du dich an die Mechanikerin in Lagos, die als »weiblicher Mechaniker« bezeichnet wurde? Bestehe darauf, dass Chizalum sie einfach nur »Mechanikerin« nennt.

Weise sie darauf hin, wie falsch es ist, wenn ein Mann gegen das Auto einer Frau fährt, aussteigt und sagt, sie solle ihren Mann holen, weil er »mit einer Frau nicht verhandeln will«.

Statt es ihr einfach nur zu erklären, zeige ihr anhand von Beispielen, dass Frauenfeindlichkeit offen und verdeckt sein kann, und dass beides abscheulich ist.

Bringe ihr bei, Männer in Frage zu stellen, die nur dann Empathie für eine Frau aufbringen, wenn sie die Frau als Verwandte und nicht als individuellen gleichberechtigten Menschen sehen. Männer, die bei Diskussionen über Vergewaltigung Dinge sagen wie: »Wenn es meine

Tochter oder Frau oder Schwester wäre.« Diese Männer müssen sich kein männliches Verbrechensopfer »als Bruder oder Sohn« vorstellen, um Mitgefühl zu haben. Sie sollte lernen, die Vorstellung zu kritisieren, dass Frauen eine besondere Spezies sind. Ein amerikanischer Politiker sagte einmal im Glauben, er würde Frauen damit unterstützen, dass man sie »verehren«, sich für sie »einsetzen« müsse – eine allzu gängige Meinung.

Sag Chizalum, dass man sich für Frauen nicht wirklich einsetzen oder sie verehren muss; man sollte sie einfach als gleichberechtigt behandeln. Seine Aussage, man müsste »sich für Frauen einsetzen und sie verehren«, weil sie Frauen sind, hat einen herablassenden Unterton. Sie lässt mich an Ritterlichkeit denken, und die Voraussetzung für Ritterlichkeit ist weibliche Schwäche.

Siebter Vorschlag

Sprich nie von der Ehe als einer Errungenschaft

Mach deiner Tochter klar, dass die Ehe keine Errungenschaft ist oder etwas, wonach sie streben sollte. Eine Ehe kann glücklich oder unglücklich sein, aber nie eine Errungenschaft.

Wir konditionieren Mädchen darauf, unbedingt heiraten zu wollen, aber Jungen konditionieren wir nicht darauf, so dass in dieser Beziehung von Anfang an ein fürchterliches Ungleichgewicht besteht. Die Mädchen werden zu Frauen, die von dem Gedanken ans Heiraten besessen sind. Die Jungen wachsen davon völlig unbelastet auf. Die Frauen heiraten diese Männer. Die Beziehung ist automatisch ungleich, denn für die eine ist die Institution der Ehe wichtiger als für den anderen. Ist es da ein Wunder, dass Frauen in so vielen Ehen mehr opfern, weil sie dauerhaft einen ungleichen Austausch aufrechterhalten müssen? (Eine Folge dieses Ungleichgewichts ist das schäbige und sehr vertraute Phänomen von zwei Frauen, die öffentlich um einen Mann streiten, während der Mann selbst kein Wort dazu sagt.)

Hillary Clinton war Präsidentschaftskandidatin der USA. Auf ihrem Twitter-Account ist das erste Schlagwort »Ehefrau«. Das erste Schlagwort im Twitter-Account ihres Mannes Bill Clinton ist nicht »Ehemann«. (Ich habe einen unangemessenen Respekt vor den wenigen Männern, die »Ehemann« als erstes Schlagwort angeben.) Mein Gefühl sagt mir, dass das nichts mit Hillary Clinton persönlich zu tun hat, sondern mit der Welt, in der wir leben, einer Welt, die die Rollen der Ehefrau und Mutter weitgehend höher bewertet als alle anderen Rollen.

Nachdem sie 1975 Bill Clinton geheiratet hatte, behielt Hillary Clinton ihren Namen, Hillary Rodham. Irgendwann begann sie, seinen Namen »Clinton« an ihren eigenen anzuhängen, und schließlich ließ sie aufgrund politischen Drucks ihren Namen »Rodham« weg – ihr Mann könnte die Unterstützung derer verlieren, denen nicht recht war, dass seine Frau ihren Namen behalten hatte.

Als ich das las, wurde mir klar, was für altmodische Erwartungen amerikanische Wählerinnen und Wähler offenbar an verheiratete Frauen haben, und ich musste an meine eigenen Erfahrungen mit der Namensfrage denken.

Erinnerst du dich, wie ein Zeitungsjournalist beschloss, mir einen neuen Namen zu geben und mich »Mrs Familienname des Mannes« zu nennen, als er erfuhr, dass ich geheiratet hatte? Und wie ich ihm untersagte, das noch einmal zu tun, weil das nicht mein Name sei?

Nie werde ich die schwelende Feindschaft einiger nigerianischer Frauen vergessen, die mir diese Reaktion einbrachte. Es ist bemerkenswert, dass sich mehr Frauen daran störten als Männer. Viele nannten mich einfach weiterhin bei einem Namen, der nicht meiner war, um mich zum Schweigen zu bringen. Ich wunderte mich darüber und kam zu dem Schluss, dass für viele meine Entscheidung eine Herausforderung dessen darstellte, was weitgehend als nicht hinterfragte Norm betrachtet wurde. Sogar ein paar Freundinnen machten Bemerkungen wie: »Du bist erfolgreich, und deswegen ist es okay, deinen Namen zu behalten.«

Woraufhin ich mich fragte: Warum muss eine Frau beruflich Erfolg haben, um zu rechtfertigen, dass sie ihren Namen behält?

Tatsächlich habe ich meinen Namen nicht behalten, weil ich erfolgreich bin. Hätte ich nicht das Glück gehabt, dass meine Bücher veröffentlicht und weithin gelesen werden, hätte ich meinen Namen trotzdem behalten. Ich habe meinen Namen behalten, weil es mein Name ist. Ich habe meinen Namen behalten, weil er mir gefällt.

Es gibt Leute, die sagen: Dein Name hat etwas mit dem Patriarchat zu tun, weil es der Name deines Vaters ist. So ist es. Aber es geht schließlich darum: Ob der Name von meinem Vater stammt oder vom Mond, es ist der Name, den ich seit meiner Geburt trage, der Name, der mich mein ganzes Leben lang begleitet hat, der Name, auf den ich reagiere, seitdem ich an einem dunstigen Morgen zum ersten Mal in den Kindergarten ging und meine Lehrerin sagte: »Antwortet ›hier‹, wenn ihr euren Namen hört. Nummer eins: Adichie!«

Wichtiger noch, jede Frau sollte diese Option haben. Was glaubst du, wie viele Männer sind willens, ihren Namen zu ändern, wenn sie heiraten?

Ich mag die Anrede »Mrs« nicht, weil die nigerianische Gesellschaft ihr zu viel Wert beimisst – ich habe zu oft gehört, wie Männer und Frauen laut und stolz über die Anrede Mrs sprechen, als hätten die, die keine Mrs sind, irgendwie versagt. Mrs kann eine Option sein, aber dieser Anrede ein so großes Prestige beizumessen, wie unsere Kultur es tut, ist beunruhigend, weil es bedeutet, dass die Eheschließung den sozialen Status einer Frau, aber nicht den eines Mannes verändert. (Beschweren sich vielleicht deshalb so viele Frauen darüber, dass sich verheiratete Männer oft noch so verhalten, als wären sie ledig? Wenn unsere Gesellschaft von verheirateten Männern verlangen würde, ihren Namen und ihre Anrede zu ändern, würde sich dann vielleicht auch ihr Verhalten ändern? Ha!) Aber im Ernst, wenn du, die achtundzwanzigjährige Ijeawele Ude mit einem Master-Abschluss über Nacht zu Mrs Ijeawele Onyekailodibe wirst, dann erfordert das bestimmt nicht nur den Aufwand, Pass und andere Dokumente ändern zu lassen, sondern auch eine psychische Anstrengung, ein neues »Werden«. Dieses neue »Werden« wäre nicht so bedeutsam, wenn auch Männer sich ihm unterziehen müssten.

Ich ziehe »Ms« vor, weil es dem Mr ähnlich ist. Ein Mann ist ein Mr, ob er nun verheiratet ist oder nicht, eine Frau, ob verheiratet oder nicht, ist eine Ms. Also mache Chizalum bitte darauf aufmerksam, dass in einer wahrhaft gerechten Gesellschaft von Frauen nicht erwartet werden sollte, aufgrund der Eheschließung Veränderungen vorzunehmen, die von Männern nicht erwartet werden. Hier ist ein schicker Vorschlag – jedes Paar sollte bei der Heirat einen ganz neuen Nachnamen annehmen, auf den sich beide einigen können und der beiden gefällt, so dass Mann und Frau am Tag nach der Hochzeit Händchen haltend und glücklich zu den Ämtern gehen können, um ihre Pässe, Führerscheine, Unterschriften, Bankkonten und so weiter ändern zu lassen.

Achter Vorschlag

Sorge dafür, dass sie es nicht darauf anlegt zu gefallen

Ihre Aufgabe ist es nicht, sympathisch zu sein, ihre Aufgabe ist es, ganz und gar sie selbst zu sein, ein Selbst, das aufrichtig und sich der Gleichberechtigung anderer Menschen bewusst ist. Weißt du noch, wie wütend ich wurde, weil mich Chioma so oft darauf hingewiesen hat, dass es »den Leuten« nicht »gefallen« würde, was ich vorhatte zu sagen oder zu tun. Es empörte mich, weil sie mich damit unausgesprochen unter Druck setzte, mich zu ändern, um in eine Schablone zu passen und einem amorphen Gebilde namens »den Leuten« zu gefallen. Es empörte mich, weil wir uns wünschen, dass die, die uns nahestehen, uns ermuntern, möglichst authentisch zu sein.

Bitte übe diesen Druck nie auf deine Tochter aus. Wir verlangen von Mädchen, aber nicht von Jungen, sympathisch zu sein, nett, falsch. Das ist gefährlich. Viele Männer, die auf Sex aus sind, schlagen Kapital daraus. Viele Mädchen schweigen, wenn sie missbraucht wurden, weil sie nett sein wollen. Viele Mädchen verbringen zu viel Zeit damit, »nett« zu Menschen zu sein, die ihnen Schaden zufügen. Viele Mädchen denken an die »Gefühle« derjenigen, die ihnen weh tun. Das ist die katastrophale Folge, wenn man gemocht werden will. Bei einem Vergewaltigungsprozess sagte die vergewaltigte Frau aus, dass sie »keinen Konflikt hatte verursachen« wollen. Die Welt ist voller Frauen, die nicht frei atmen können, weil sie zu lange darauf konditioniert worden sind, sich zu verbiegen, nur um gemocht zu werden.

Bring Chizalum stattdessen bei, aufrichtig zu sein. Und freundlich. Und mutig. Ermuntere sie, ihre Meinung zu sagen, auszusprechen, was sie wirklich denkt, die Wahrheit zu sagen. Und lobe sie, wenn sie es tut. Lobe sie besonders, wenn sie einen Standpunkt einnimmt, der schwierig oder unpopulär ist, aber ihre aufrichtige Meinung wiedergibt. Sag ihr, dass Freundlichkeit wichtig ist. Lobe sie, wenn sie freundlich zu anderen Leuten ist. Aber erklär ihr auch, dass ihre Freundlichkeit keine Selbstverständlichkeit sein darf. Weise sie darauf hin, dass auch sie verdient, von anderen freundlich behandelt zu werden. Bring ihr bei zu verteidigen, was ihr gehört. Wenn ein anderes Kind ohne ihre Erlaubnis ihr Spielzeug nimmt, sag ihr, dass sie es sich zurückholen soll. Sag ihr, dass sie es laut sagen, es aussprechen, es herausschreien soll, wenn ihr etwas unangenehm ist.

Sie soll wissen, dass sie nicht allen gefallen muss. Erklär ihr, wenn jemand sie nicht mag, wird es jemand anders tun, und dass sie nicht nur ein Objekt ist, das gemocht oder nicht gemocht wird, sondern auch ein Subjekt, das mögen oder nicht mögen kann. Wenn sie als Jugendliche weinend nach Hause kommt, weil bestimmte Jungs sie nicht mögen, mach ihr klar, dass sie sich dafür entscheiden kann, diese Jungs ebenfalls nicht zu mögen – Ich weiß, wie schwierig das ist. Ich erinnere mich noch gut daran, wie ich in der Highschool in Nnamdi verknallt war. Ich wünschte, mir hätte das damals jemand gesagt.

Neunter Vorschlag

Vermittle Chizalum ein Gefühl der Identität

Ganz bewusst. Das ist wichtig. Lass sie unter anderem als stolze Igbo-Frau aufwachsen. Du musst selektiv sein – fordere sie auf, die Teile der Igbo-Kultur anzunehmen, die schön sind, und andere, die es nicht sind, abzulehnen. Du kannst in unterschiedlichen Zusammenhängen und auf unterschiedliche Weise zu ihr sagen: »Die Igbo-Kultur ist wunderbar, weil sie Gemeinschaft und Konsens und harte Arbeit schätzt, die Sprache und die Sprichwörter sind schön und voller Weisheit. Aber die Igbo-Kultur verbietet den Frauen auch, bestimmte Dinge zu tun, nur weil sie Frauen sind, und das ist falsch. Die Igbo-Kultur ist auch ein bisschen zu sehr auf Materialismus fixiert, und obwohl Geld wichtig ist – denn Geld bedeutet

Selbständigkeit –, darfst du Menschen nicht danach beurteilen, ob sie Geld haben oder nicht.«

Weise sie auch ganz bewusst auf die Schönheit und Kraft der Bevölkerung Afrikas hin. Warum? Weil sie aufgrund der Machtverhältnisse auf der Welt mit Bildern weißer Schönheit, weißer Fähigkeiten und weißer Errungenschaften aufwachsen wird, gleichgültig, wo sie lebt. Sie sieht sie im Fernsehen, in der Populärkultur, in den Büchern, die sie liest. Sie wird zudem wahrscheinlich mit vielen negativen Bildern von Afrika und Schwarzen allgemein konfrontiert werden.

Bring ihr bei, stolz auf die Geschichte Afrikas zu sein und suche nach heldenhaften schwarzen Männern und Frauen in der Geschichte. Es gibt sie. Du wirst gegensteuern müssen gegen einige Dinge, die sie in der Schule lernen wird – die nigerianischen Lehrpläne sehen nicht vor, Kinder zu lehren, auf ihre Geschichte stolz zu sein. Ihre Lehrer werden phantastisch sein, wenn es darum geht, sie in Mathematik, Physik, Kunst und Musik zu unterrichten, aber den Stolz wirst du ihr selbst beibringen müssen.

Sprich mit ihr über Privilegien, Ungleichheit und darüber, dass es wichtig ist, jedem Würde zuzugestehen, der ihr nicht schaden will – erkläre ihr, dass die Haushaltshilfe genauso ein Mensch ist wie sie, dass sie den Chauffeur und das gesamte Personal grüßen soll. Stelle einen Zusammenhang zwischen diesen Erwartungen an sie und ihrer Identität her – sag zum Beispiel zu ihr: »In unserer Familie grüßen Kinder alle, die älter sind, egal, was für eine Arbeit sie machen.«

Gib ihr einen Igbo-Spitznamen. Als ich aufwuchs, nannte mich meine Tante Gladys Ada Obodo Dike. Ich liebte diesen Namen. Offenbar ist mein Dorf Ezi-Abba als das Land der Krieger bekannt, und Tochter des Lands der Krieger genannt zu werden war wunderbar berauschend.

Zehnter Vorschlag

Überlege dir gut, wie du mit ihr und ihrem Aussehen umgehst

Ermuntere sie, Sport zu treiben, körperlich aktiv zu sein. Geh mit ihr spazieren. Schwimmen. Laufen. Tennis spielen. Fußball. Tischtennis. Alle möglichen Sportarten. Irgendeinen Sport. Ich halte das für wichtig nicht nur wegen der offensichtlichen gesundheitlichen Vorteile, sondern auch, weil es den Umgang mit Unsicherheiten der Körperwahrnehmung, die die Welt Mädchen aufzwingt, positiv beeinflussen kann. Chizalum soll wissen, dass es großen Wert hat, aktiv zu sein. Studien belegen, dass Mädchen mit Einsetzen der Pubertät normalerweise aufhören, Sport zu treiben. Das ist keine Überraschung. Brüste und Gehemmtheit können dem Sport in die Quere kommen – Ich habe aufgehört, Fußball zu spielen, als ich Brüste bekam. Ich wollte sie am liebsten verstecken, und beim Rennen und Angreifen war das schwierig. Das solltest du verhindern.

Wenn ihr Make-up gefällt, soll sie es tragen. Wenn sie Mode mag, soll sie sich herausputzen. Wenn ihr an beidem nichts liegt, auch gut. Verfalle nicht in den Irrglauben, dass eine feministische Erziehung bedeutet, Weiblichkeit abzulehnen. Feminismus und Weiblichkeit schließen sich nicht aus. Es wäre frauenfeindlich, das Gegenteil zu behaupten. Leider schämen sich Frauen heute für Interessen, die als traditionell weiblich gelten wie Mode oder Schminken, und entschuldigen sich dafür. Aber unsere Gesellschaft erwartet nicht, dass Männer sich für traditionell männliche Aktivitäten – Sportwagen, bestimmte Profi-Sportarten – schämen. Ebenso wenig ist ein gutgekleideter Mann auf dieselbe Weise suspekt wie eine gut gekleidete Frau – ein gutgekleideter Mann hat keine Bedenken, dass womöglich bestimmte Annahmen bezüglich seiner Intelligenz, seiner Fähigkeiten oder seiner Ernsthaftigkeit gemacht werden, nur weil er gut angezogen ist. Einer Frau hingegen ist immer bewusst, dass sie wegen ihres grellen Lippenstifts oder ihres wohldurchdachten Outfits möglicherweise nicht ernst genommen wird.

Bring ihr Aussehen niemals mit Moral in Verbindung. Sag nie zu ihr, dass ein kurzer Rock »unmoralisch« sei. Kleidung ist eine Frage des Geschmacks und der Attraktivität und nicht eine Frage der Moral. Wenn ihr streitet, was sie anziehen soll, behaupte nie Dinge wie »du siehst wie ein Flittchen aus«. Ich weiß, dass das deine Mutter einmal zu dir gesagt hat. Sage stattdessen »das Kleid steht dir nicht so gut wie das andere«. Oder es passt nicht so gut. Oder es ist nicht so hübsch. Oder es ist einfach hässlich. Aber nie »unmoralisch«, denn Kleidung hat absolut nichts mit Moral zu tun.

Verknüpfe niemals Haar mit Schmerz. Ich denke oft an meine Kindheit und daran, wie oft ich geweint habe, als mir das dichte lange Haar geflochten wurde. Eine Schachtel Smarties stand vor mir als Belohnung, wenn ich das Frisieren durchhielt. Und wofür? Stell dir vor, wir hätten nicht so viele Samstage unserer Kindheit und Jugend damit vertan, uns zu frisieren. Was hätten wir nicht alles lernen können? Wie hätten wir unseren Horizont erweitern können! Was haben Jungs samstags gemacht?

Was ihr Haar angeht, schlage ich vor, dass du »ordentlich« neu definierst. Ein Grund, warum Haar so oft mit Schmerzen in Verbindung gebracht wird, ist, dass Erwachsene entschlossen sind, einer Version von »ordentlich« zu entsprechen, die zu fest gezurrt, ziepend und Kopfweh verursachend ist. Das muss aufhören. Ich habe in nigerianischen Schulen Mädchen gesehen, die schrecklich schikaniert wurden, weil ihre Frisur nicht »ordentlich« war, weil sich an ihren Schläfen ein paar gottgegebene feste Locken gekräuselt haben. Lass Chizalums Haar locker – lose Zöpfe oder Cornrows – und benutze nicht die dünnzahnigen Kämme, die nicht für unsere Haare gemacht sind. Mach das zu deiner neuen Definition von »ordentlich«. Wenn nötig, geh in die Schule und sprich mit den Lehrern. Nur eine Person ist notwendig, damit sich etwas verändert.

Chizalum wird früh erkennen – denn Kinder sind sehr aufmerksam –, welche Schönheitsideale die Mainstream-Welt schätzt. Sie wird sie in Zeitschriften und Filmen und im

Fernsehen sehen. Sie wird begreifen, dass weiß als schön gilt. Dass glattes und schwingendes Haar als schön gilt, Haar, das nach unten hängt, und nicht Haar, das absteht. Sie wird es mitkriegen, ob du willst oder nicht. Also sorge für Alternativen. Sie soll wissen, dass schlanke weiße Frauen schön sind und dass nicht-schlanke, nicht-weiße Frauen ebenfalls schön sind. Sie soll wissen, dass es viele Menschen und Kulturen gibt, die die beschränkte Mainstream-Definition von Schönheit nicht teilen. Du wirst deine Tochter am besten kennen, und deswegen wirst du auch am besten wissen, wie du sie in ihrer eigenen Art von Schönheit wirst bestärken können, wie du sie davor schützen kannst, unzufrieden ihr eigenes Spiegelbild zu betrachten.

Umgib sie mit einer Schar Tanten; Frauen, die Eigenschaften haben, die sie bewundern kann. Sprich davon, wie sehr du sie bewunderst. Kinder ahmen nach und lernen von Beispielen. Sprich davon, was du an ihnen bewunderst. Ich bewundere zum Beispiel die afroamerikanische Feministin Florynce Kennedy. Afrikanische Frauen, von denen ich ihr erzählen würde, sind Ama Ata Aidoo, Dora Akunyili, Muthoni Likimani, Ngozi Okonjo Iweala, Taiwo Ajayi Lycett. Es gibt so viele Afrikanerinnen, die Quellen feministischer Inspiration sind. Wegen der Dinge, die sie getan haben, und wegen der Dinge, die zu tun sie sich geweigert haben. Wie übrigens deine Großmutter, dieser bemerkenswerte scharfzüngige Schatz.

Umgib Chizalum auch mit einer Schar Onkel. Das wird schwieriger werden, den Freunden nach zu urteilen, die Chudi hat. Ich bin immer noch nicht über den polternden Mann mit dem überziselierten Bart hinweg, der bei Chudis letztem Geburtstagsfest mehrmals gesagt hat: »Ich lasse mir doch von meiner Ehefrau nichts sagen.«

Bitte finde ein paar gute, nicht-polternde Männer. Männer wie deinen Bruder Ugomba, Männer wie unseren Freund Chinakueze. Denn sie wird in ihrem Leben auf viel männliches Gepolter stoßen. Und es ist gut, von klein an Alternativen kennenzulernen.

Die Macht von Alternativen kann ich gar nicht genug betonen. Deine Tochter wird statische Vorstellungen von »Geschlechterrollen« kontern können, wenn die Macht der Alternativen sie dazu in die Lage versetzt hat. Wenn sie einen Onkel kennt, der gut kocht – und das mit großer Selbstverständlichkeit –, dann kann sie lächelnd die Dummheit von jemandem vom Tisch wischen, der behauptet: »Frauen müssen kochen.«

Elfter Vorschlag

Bring ihr bei, den selektiven Gebrauch von Biologie als »Begründung« für soziale Normen in unserer Kultur abzulehnen

Ich kenne eine Yoruba-Frau, verheiratet mit einem Igbo-Mann, die mit ihrem ersten Kind schwanger war und über Namen für das Kind nachdachte. Alle Namen waren Igbo-Namen.

Sollte es nicht einen Yoruba-Namen haben, da es den Igbo-Nachnamen des Vaters haben würde?, fragte ich, und sie sagte: »Ein Kind gehört in erster Linie zum Vater. Es muss so sein.«

Wir benutzen die Biologie oft, um Privilegien von Männern zu rechtfertigen. Die am weitesten verbreitete Begründung ist die physische Überlegenheit der Männer. Es stimmt, dass

Männer in der Regel körperlich stärker sind als Frauen. Doch wenn die Biologie tatsächlich die Wurzel von sozialen Normen wäre, dann würden Kinder über ihre Mutter identifiziert und nicht über ihren Vater, denn wenn ein Kind geboren wird, gibt es biologische und unanfechtbare Gewissheit nur über seine Mutter. Wir nehmen an, dass der Vater der Mann ist, von dem die Mutter behauptet, dass er der Vater ist. Wie viele Abstammungslinien auf der Welt sind nicht biologisch?

Viele Igbo-Frauen sind in dieser Hinsicht so vollständig konditioniert, dass sie glauben, Kinder gehörten nur dem Vater. Ich weiß von Frauen, die aus schlechten Ehen ausgestiegen sind, denen jedoch nicht »gestattet« wurde, ihre Kinder mitzunehmen oder sie auch nur zu besuchen, weil die Kinder zum Mann gehören.

Wir benutzen Evolutionsbiologie auch, um die Promiskuität von Männern zu begründen, nicht jedoch die der Frauen, obwohl es für Frauen tatsächlich einen evolutionären Sinn hat, viele Sexualpartner zu haben – denn je größer der genetische Pool, umso größer die Chancen, überlebensstarke Kinder zu bekommen.

Also erkläre Chizalum, dass Biologie ein interessantes und faszinierendes Fach ist, dass sie Biologie aber nie als Rechtfertigung für soziale Normen akzeptieren soll. Soziale Normen werden von Menschen geschaffen, und es gibt keine soziale Norm, die nicht verändert werden könnte.

Zwölfter Vorschlag

Sprich mit ihr über Sex und fang früh damit an. Es wird wahrscheinlich etwas peinlich, aber es ist notwendig

Erinnerst du dich an den Kurs, den wir in der dritten Klasse besucht haben? Wir sollten über Sexualität aufgeklärt werden, doch stattdessen hörten wir vage Drohungen, dass wir schwanger werden und in Ungnade fallen würden, sollten wir »mit Jungs reden«. Ich erinnere mich an den Raum und den Kurs als etwas voller Scham. Hässlicher Scham. Es war diese besondere Art von Scham, die etwas mit Weiblichkeit zu tun hat. Möge sie deiner Tochter nie begegnen.

Erzähl ihr bloß nicht, dass Sex lediglich ein kontrollierter Akt der Reproduktion ist. Oder nur in die Ehe gehört, denn das ist unredlich.

(Du und Chudi hattet lange vor der Heirat Sex, und das wird sie mit zwölf wahrscheinlich herausgefunden haben.) Erzähl ihr, dass Sex etwas Schönes sein und neben den offensichtlichen körperlichen (für sie als Frau!) auch emotionale Konsequenzen haben kann. Sag ihr, dass ihr Körper nur ihr allein gehört, dass sie sich nie verpflichtet fühlen soll, ja zu etwas zu sagen, das sie nicht will, oder zu dem sie sich gedrängt fühlt. Lehre sie stolz darauf zu sein, nein zu sagen, wenn nein sich richtig anfühlt. Sag ihr, dass sie mit dem Sex warten soll, bis sie erwachsen ist, aber sei darauf vorbereitet, dass sie nicht wartet, bis sie achtzehn ist. Und wenn sie nicht wartet, dann musst du dafür sorgen, dass sie in der Lage ist, es dir zu sagen.

Es reicht nicht, deine Tochter so erziehen zu wollen, dass sie dir alles sagen kann, du musst ihr auch die Sprache dafür geben. Und das meine ich wortwörtlich. Wie soll sie es nennen? Welches Wort soll sie gebrauchen?

Ich weiß noch, dass in meiner Kindheit die Leute das Wort »ike« sowohl für Anus als auch für Vagina benutzten. Anus war die einfachere, aber vagere Bedeutung, und ich wusste nie genau, wie ich zum Beispiel sagen sollte, dass meine Vagina juckt.

Die meisten Entwicklungsexperten und Kinderärzte sind der Ansicht, dass es am besten ist, wenn Kinder die Geschlechtsteile bei ihrem richtigen Namen nennen – Vagina und Penis. Ich stimme dem zu, aber es ist deine Entscheidung. Du musst wissen, wie sie dazu sagen soll, aber wichtig ist, dass sie einen Namen haben und diese Namen nicht mit Scham behaftet sind.

Und um dafür zu sorgen, dass sie diese Scham nicht von dir übernimmt, musst du dich selbst von der ererbten Scham befreien. Ich weiß, wie wahnsinnig schwierig das ist. In jeder Kultur der Welt hat weibliche Sexualität mit Scham zu tun. Kulturen – sogar viele im Westen – erwarten von Frauen, sexy zu sein, aber nicht sexuell.

Bei der Scham, die der weiblichen Sexualität angehängt wird, geht es um Kontrolle. Viele Kulturen und Religionen kontrollieren den Körper der Frau auf die eine oder andere Weise. Wenn es dabei um die Frauen selbst ginge, wäre es verständlich. Wenn Frauen zum Beispiel keine kurzen Röcke tragen dürften, weil kurze Röcke Krebs verursachen. Aber der Grund für das Verbot von kurzen Röcken ist nicht die Gesundheit der Frauen, sondern es sind die Männer. Frauen müssen »bedeckt« sein, um Männer zu schützen. Ich finde das zutiefst unmenschlich, denn es macht Frauen zu Requisiten, die dazu benutzt werden, den Appetit der Männer zu regulieren.

Und wenn wir schon von Scham sprechen: Bring Sexualität oder Nacktheit nie mit Scham in Verbindung. Rücke nie »Jungfräulichkeit« in den Mittelpunkt. Jedes Gespräch über Jungfräulichkeit ist ein Gespräch über Scham. Bring ihr bei, die Verbindung von Scham und weiblicher Biologie abzulehnen. Warum wurden wir dazu erzogen, über Menstruation nur flüsternd zu reden? Uns zu schämen, wenn das Blut einen Fleck auf der Kleidung hinterlässt? Man darf sich für seine Periode nicht schämen. Menstruation ist normal und natürlich, und es gäbe keine Menschen, wenn es keine Periode gäbe. Ich erinnere mich an einen Mann, der sagte, Menstruationsblut wäre wie Scheiße. Heilige Scheiße, erwiderte ich, denn du wärst nicht hier, wenn es kein Menstruationsblut gäbe.

Dreizehnter Vorschlag

Liebe wird passieren, also unterstütze sie

Ich gehe davon aus, dass sie heterosexuell ist – sie muss es natürlich nicht sein. Aber ich nehme es an, weil ich darüber am besten Bescheid weiß und sprechen kann.

Stell sicher, dass du über romantische Begebenheiten in ihrem Leben Bescheid weißt. Und das kannst du nur, indem du ihr von Kindesbeinen an die Sprache gibst, in der sie mit dir reden kann, nicht nur über Sex, sondern auch über Liebe. Ich meine damit nicht, dass du ihre »Freundin« sein sollst, ich meine, dass du ihre Mutter sein sollst, mit der sie über alles sprechen kann.

Erklär ihr, dass Liebe nicht nur aus Geben, sondern auch aus Nehmen besteht. Das ist wichtig, weil wir den Mädchen unterschwellige Hinweise geben – wir bringen ihnen bei, dass ein Großteil der weiblichen Fähigkeit zu lieben aus der Fähigkeit, sich selbst zu opfern, besteht. Mit Jungen machen wir das nicht. Sie muss wissen, dass Liebe bedeutet, emotional etwas von sich zu geben, aber sie muss auch erwarten können, dass ihr etwas gegeben wird.

Ich halte Liebe für das Wichtigste im Leben. Gleichgültig, um was für eine Art von Liebe es sich handelt, wie immer man Liebe definiert, für mich bedeutet sie, von einem anderen Menschen besonders geschätzt zu werden, und einen anderen Menschen besonders zu schätzen. Aber warum erziehen wir nur eine Hälfte der Weltbevölkerung dazu? Neulich befand ich mich in einem Raum voller junger Frauen und war erstaunt, wie lange über Männer gesprochen wurde – was für schreckliche Dinge Männer ihnen angetan hatten, dieser Mann hatte betrogen, jener Mann hatte gelogen, dieser Mann hatte die Ehe versprochen und war verschwunden, jener Mann hatte dies oder das getan.

Und mir wurde klar, dass es umgekehrt leider nicht so ist. In einem Zimmer voller Männer wird nicht ständig über Frauen gesprochen – und wenn doch, dann reden Männer in lässigen Tönen über Frauen, als wären sie Objekte, und lamentieren nicht über die Ungerechtigkeiten des Lebens. Warum?

Ich glaube, es ist auf eine frühe Konditionierung zurückzuführen. Vor kurzem habe ich bei der Taufe eines Babys erlebt, dass die Gäste gebeten wurden, ihre Wünsche für das kleine Mädchen aufzuschreiben. Eine Frau schrieb: »Ich wünsche dir einen guten Ehemann.«

Gutgemeint natürlich, aber doch beunruhigend, einem drei Monate alten Mädchen mitzuteilen, dass ein Ehemann etwas ist, das erstrebenswert ist. Wäre das Baby ein Junge gewesen, wäre es niemandem eingefallen, ihm eine »gute Frau« zu wünschen.

Und weil wir schon bei Frauen sind, die sich darüber beklagen, dass Männer die Ehe »versprechen« und dann verschwinden. Ist es nicht merkwürdig, dass in den meisten Gesellschaften Frauen auch heute noch keine Heiratsanträge machen können? Die Ehe ist ein großer Schritt im Leben, und doch sollen Frauen nicht die Initiative ergreifen, sondern warten, dass der Mann sie fragt. So viele Frauen haben langjährige Beziehungen und möchten heiraten, müssen aber warten, bis der Mann ihnen einen Antrag macht – und oft wird diese Wartezeit, manchmal unbewusst, manchmal auch nicht, zu einer Vorführung von Ehetauglichkeit. Wenn wir hier mein erstes feministisches Instrument zur Anwendung bringen, dann ergibt es keinen Sinn, dass eine Frau, die gleichberechtigt ist, darauf warten soll, dass jemand anders eine entscheidende Veränderung ihres Lebens initiiert.

Eine Anhängerin des Feminismus Light sagte einmal zu mir, aufgrund der Tatsache, dass Männer einen Heiratsantrag machen, sei bewiesen, dass eigentlich Frauen die Macht haben, denn nur eine Frau kann ja oder nein sagen. In Wahrheit hat die Person die Macht, die den Antrag macht. Bevor eine Frau ja oder nein sagen kann, muss sie erst einmal gefragt werden. Ich wünsche Chizalum eine Welt, in der jeder einen Heiratsantrag machen kann, in der eine Beziehung so gut ist, so voller Glück, dass ein Gespräch über eine Heirat ein Gespräch voller Glück wird.

Ich möchte an dieser Stelle etwas über Geld sagen. Bring ihr bei, nie solchen Unsinn zu verzapfen wie »mein Geld ist mein Geld, und sein Geld ist unser Geld«. Das ist niederträchtig. Und gefährlich – mit dieser Einstellung muss man potentiell auch andere schädliche Vorstellungen akzeptieren. Bring ihr bei, dass es NICHT die Rolle des Mannes ist, sie zu versorgen. In einer guten Beziehung nimmt die Rolle des Versorgers derjenige ein, der versorgen kann.

Vierzehnter Vorschlag

Wenn du mit ihr über Unterdrückung sprichst, achte darauf, die Unterdrückten nicht zu Heiligen zu erklären

Heiligkeit ist keine Voraussetzung für Würde. Menschen, die unfreundlich oder unehrlich sind, sind immer noch Menschen, auch ihnen müssen wir Würde zugestehen. Besitzrechte für nigerianische Frauen auf dem Land zum Beispiel sind ein großes feministisches Thema, und die Frauen müssen nicht gute, engelsgleiche Personen sein, damit ihnen diese Rechte zugestanden werden.

Manchmal wird im Diskurs über Gender behauptet, dass Frauen die moralisch »besseren« Menschen sind. Das sind sie nicht. Frauen sind Menschen wie Männer. Weibliche Güte ist so normal wie weibliche Bosheit.

Und es gibt viele Frauen auf der Welt, die andere Frauen nicht mögen. Weibliche Frauenfeindlichkeit existiert, und das nicht anzuerkennen gibt antifeministischen Bestrebungen nur unnötig Gelegenheit, den Feminismus in Misskredit zu bringen. Ich meine antifeministische Propaganda, die schadenfroh Beispiele von Frauen anführt, die sagen »ich bin keine Feministin«, als würde eine Person, die mit einer Vagina auf die Welt gekommen ist und diese Aussage macht, den Feminismus automatisch in Misskredit bringen. Dass eine Frau behauptet, keine Feministin zu sein, mindert nicht die Notwendigkeit von Feminismus. Sie zeigt vielmehr das Ausmaß des Problems auf, die immense Reichweite des Patriarchats. Sie zeigt auch, dass nicht alle Frauen Feministinnen sind und nicht alle Männer frauenfeindlich.

Fünfzehnter Vorschlag

Weise sie auf Vielfalt hin

Mach Vielfalt zu etwas Gewöhnlichem, Normalem. Bring ihr bei, Andersartigkeit keinen Wert beizumessen. Und nicht, weil sie fair oder nett sein soll, sondern einfach menschlich und praktisch. Denn Unterschiede sind die Realität. Und indem du sie darauf hinweist, stattest du sie mit dem Rüstzeug aus, um in einer Welt der Vielfalt zu überleben.

Sie muss wissen und verstehen, dass die Menschen unterschiedliche Wege einschlagen, und solange diese Wege anderen keinen Schaden zufügen, sind es berechtigte Wege, die sie respektieren muss. Sag ihr, dass wir nicht alles wissen und nicht alles wissen können.

Religion und Wissenschaft räumen Dingen, die wir nicht wissen, Raum ein, und damit müssen wir Frieden schließen.

Du musst sie lehren, ihre eigenen Standards und Erfahrungen nie zu verallgemeinern. Ihre Standards gelten nur für sie allein und nicht für andere. Das ist die einzig notwendige Form von Demut: die Erkenntnis, dass Vielfalt normal ist.

Erzähl ihr, dass manche Menschen homosexuell sind. Ein kleines Kind kann zwei Väter oder zwei Mütter haben, einfach weil es so ist. Erzähl ihr, dass manche Menschen in die Moschee gehen, andere in die Kirche und wieder andere an andere Orte der Andacht. Und dann gibt es noch die, die überhaupt nicht gläubig sind.

Du magst Palmöl, aber manche Leute mögen kein Palmöl, sagst du.

Warum?, fragt sie.

Ich weiß es nicht. So ist die Welt eben.

Bitte beachte, dass ich dir nicht vorschlage, sie »unvoreingenommen« zu erziehen. Die Idee dahinter ist nicht schlecht, aber »unvoreingenommen« kann leicht als »bilde dir zu nichts eine Meinung« missverstanden werden. Im Gegenteil, ich hoffe, dass Chizalum viele Meinungen haben wird und dass ihre Ansichten fundiert, menschlich und weltoffen sein werden.

Möge sie gesund sein und möge sie glücklich sein. Möge ihr Leben so verlaufen, wie sie es sich wünscht.

Hast du Kopfschmerzen, nachdem du diesen Brief gelesen hast? Tut mir leid. Dann solltest du mich nie wieder fragen, wie du deine Tochter feministisch erziehen sollst.

Alles Liebe, oyi gi,
Chimamanda